心理的虐待

～子どもの心を殺す親たち～

姫野 桂
Kei Himeno

はじめに

児童虐待のニュースをよく耳にする。

一般的に、食事を与えずに放置する（ネグレクト）、暴力を振るう（身体的虐待）、性的虐待などが児童虐待のイメージとして広く流布しているのではないだろうか。

しかし、２０２３年９月７日にこども家庭庁が発表した「令和４年度 児童相談所における児童虐待相談対応件数」によれば、全国２３２か所の児童相談所への相談件数は過去最多の21万９１７０件（速報値）にのぼっているのだが、そのうち、12万９４８４（59・１％）を占め、最多の相談件数となっていたのは、身体的虐待でもネグレクトでも性的虐待でもない。

では、もっとも多い相談件数となっており、今もなお増加傾向にある虐待とはな

児童相談所における虐待相談対応件数とその推移

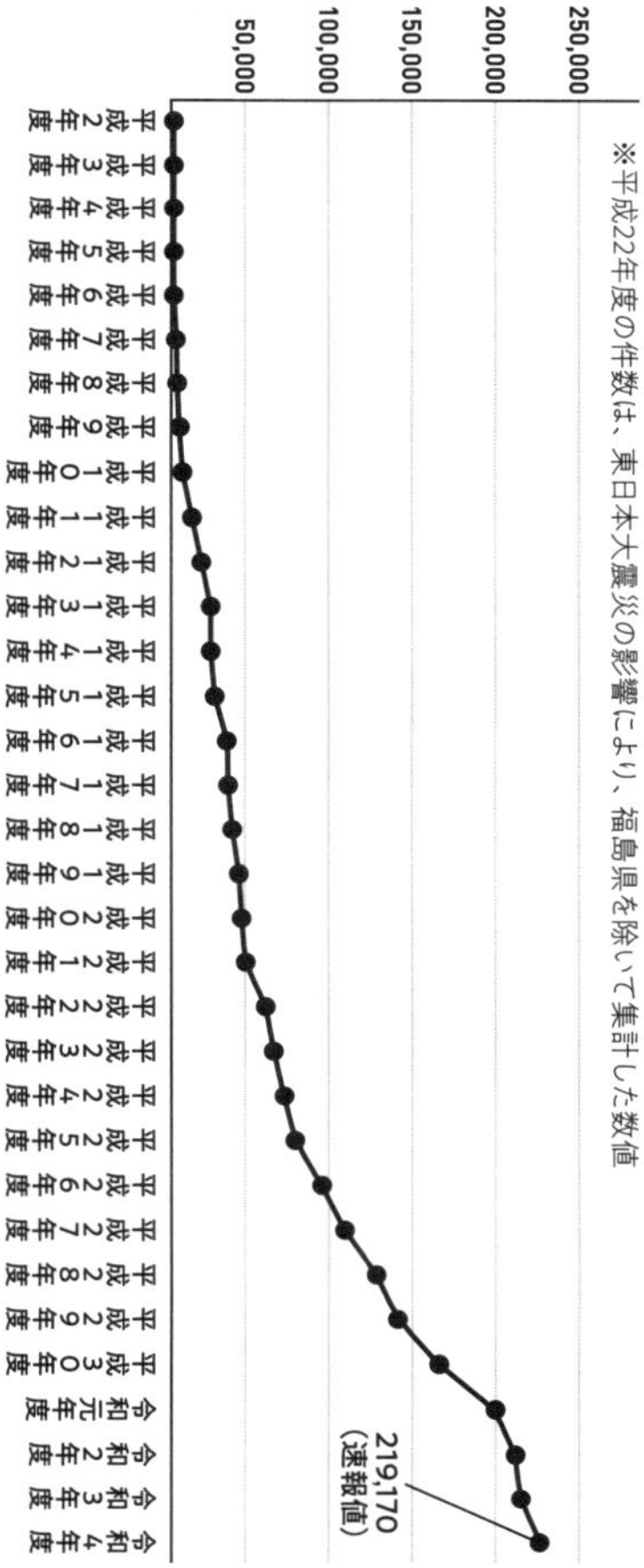

※平成22年度の件数は、東日本大震災の影響により、福島県を除いて集計した数値

年度	件数	対前年度比
平成23年度	59,919	+6.3%
平成24年度	66,701	+11.3%
平成25年度	73,802	+10.6%
平成26年度	88,931	+20.5%
平成27年度	103,286	+16.1%
平成28年度	122,575	+18.7%
平成29年度	133,778	+9.1%
平成30年度	159,838	+19.5%
令和元年度	193,780	+21.2%
令和2年度	205,044	+5.8%
令和3年度	207,066	+1.3%
令和4年度(速報値)	219,170	+5.5%

令和4年度 児童相談所における児童虐待相談対応件数（速報値）こども家庭庁

んなのか?
それは、「心理的虐待」である。

増える「心理的虐待」

2012(平成24)年度の調査までは、身体的虐待やネグレクトが相談件数の上位に入っていることが多かったが、2013(平成25)年度に最多の相談件数となって以降、年々増加傾向にあるのが「心理的虐待」である。

心理的虐待とは、児童虐待防止法第2条において、次のように定義されている。
「児童に対する著しい暴言又は著しく拒絶的な対応、児童が同居する家庭における配偶者に対する暴力(略)その他の児童に著しい心理的外傷を与える言動を行うこと」

具体的にはどういうものを指すかというと、次のような行為だ。

児童相談所における虐待相談の内容別件数の推移

	身体的虐待		ネグレクト		性的虐待		心理的虐待		総数	
平成23年度	21,942	(36.6%)	18,847	(31.5%)	1,460	(2.4%)	17,670	(29.5%)	59,919	(100%)
平成24年度	23,579	(35.4%)	19,250	(28.9%)	1,449	(2.2%)	22,423	(33.6%)	66,701	(100%)
平成25年度	24,245	(32.9%)	29,627	(26.6%)	1,582	(2.1%)	28,348	(38.4%)	73,802	(100%)
平成26年度	26,181	(29.4%)	22,455	(25.2%)	1,520	(1.7%)	38,775	(43.6%)	88,931	(100%)
平成27年度	28,621	(27.7%)	24,444	(23.7%)	1,521	(1.5%)	48,700	(47.2%)	103,286	(100%)
平成28年度	31,925	(26.0%)	25,842	(21.1%)	1,622	(1.3%)	63,186	(51.5%)	122,575	(100%)
平成29年度	33,223	(24.8%)	26,821	(20.0%)	1,537	(1.1%)	72,197	(54.0%)	133,778	(100%)
平成30年度	40,238	(25.2%)	29,479	(18.4%)	1,730	(1.1%)	88,391	(55.3%)	159,838	(100%)
令和元年度	49,240	(25.4%)	33,345	(17.2%)	2,077	(1.1%)	109,118	(56.3%)	193,780	(100%)
令和2年度	50,035	(24.4%)	31,430	(15.3%)	2,245	(1.1%)	121,334	(59.2%)	205,044	(100%)
令和3年度	49,241	(23.7%)	31,448	(15.1%)	2,247	(1.1%)	124,724	(60.1%)	207,660	(100%)
令和4年度	51,679	(23.6%)	35,556	(16.2%)	2,451	(1.1%)	129,484	(59.1%)	219,170	(100%)

※割合は四捨五入のため、100%にならない場合がある
令和4年度 児童相談所における児童虐待相談対応件数(速報値)こども家庭庁

・きょうだいで比較する
・著しいきょうだい差別をする
・自尊心を傷つける言葉を繰り返す
・子どもに暴言を吐く
・言葉による脅かし、脅迫など
・子どもを無視したり、拒否的な態度を示す
・子どもに配偶者の悪口を言う
・子どもの前で配偶者やその他の家族に対し暴力を振るったり暴言を吐いたりする

などが挙げられる。

これは何も日本だけのことではない。1980年代から欧米では「マルトリートメント（不適切な養育）」と言われ、「避けるべき子育て」として問題視されていたものだ。

もちろん、「え？　こんなことまで？」と思った人や、あるいは、過去にそういう仕打ちを受けたことがあるという人も少なくないのではないだろうか。

確かに、身体的虐待や性的虐待のような、わかりやすい加虐ではないので、感情に任せてこのような振る舞いをしてしまう人も少なくないだろう。

だが、これらの心理的虐待の被害にあった方を取材していくと、親からすれば感情に任せた一時的な強い言葉や、子どもを奮起させようとしたきょうだいとの比較でも、子どもの心には大きな爪痕を残していたことがわかってきた。

筆者の周囲にもあった「心理的虐待」

今回、この本を執筆しようと思ったきっかけは、心理的虐待が増加傾向にあることに加え、筆者自身、発達障害の一種の学習障害（算数ＬＤ）で小学生の頃、算数ができずに親に何度も計算ドリルを怒鳴られながらやらされた経験（これは教育虐待にもあたる）にあるのだが、もう一つ大きなきっかけがある。

それは、筆者の配偶者の元妻が、夫の悪口を当時小学校低学年の子どもたちに吹き込んでいたことにある。

具体的には、元妻の不倫で離婚したにもかかわらず、子どもたちには「パパが不倫して別れたのよ」と嘘を吹き込んだりしていたのだ。

面会交流の際、まだ養育費という言葉も理解できない年齢であるにもかかわらず、「せーの」で「いつも養育費ありがとうございます」と子どもたちに言わせたりしていたこともあった。また、夫が長男に聞いたところ、元妻や元妻の親が子どもたちの目の前で夫の悪口を言っていたのだ。

これらは、前出の児童虐待防止法の定義でも、確実に心理的虐待にあたると言えるだろう。

また、夫に新しいパートナー（筆者）ができた途端、筆者を子どもに会わせたくないがために面会交流拒否を始め、面会交流調停を行って、1年かけてようやく夫は子どもたちと会えるようになった。ところが、長男はスマホを持っているのだが、夫とＬＩＮＥなどで連絡を取らないよう元妻が言い聞かせており、面会交流中はスマホがロックされていたのだという。

大人になった「心理的サバイバー」たちの今

この本を執筆するきっかけは個人的なこともその一つではあるのだが、今回心理的虐待のサバイバー7名を取材すると、多くの当事者が大人になっても生きづらさを抱えていることがわかった。

そして、その根底には、「心理的虐待」とは言うけれど、それらの虐待が、心だけではなく、脳に障害を与えることも明らかになってきた。

知らず知らずのうちに、子どもの心や脳を傷つけてしまう心理的虐待。

この本が、心理的虐待により生きづらさを抱えている人、そして子どもへの接し方に迷い、自分の子育てが心理的虐待にあたるのではないかと不安に駆られている親御さんたちの手助けになればと思い、キーボードを打っている。

たくさんの子どもたちと、たくさんの子を持つ親の皆さんが救われることを願わずにいられない。

目次

第2章

生きづらさを抱える心理的虐待サバイバーたち

第4章

心理的虐待をしないために

「心の傷」は「脳の傷」でもあった！／親の喧嘩を見て育つと視覚野が萎縮／親から暴言を受けて育つと聴覚野に影響／「体罰」は前頭前野を萎縮させる／生きづらさという後遺症／適切な治療と支援で脳は回復できる／社会で「子育て困難」を解決することも重要

子育てで避けるべき「二つの否定」／子どもに伝わる言い方、伝わらない言い方／小さいステップを褒める／全肯定があってこそ、褒めが活きてくる／厳しい抑えつけは反発を招くだけ／家族の決まりを作るなら、親は一貫性を持て／心理的虐待を防ぐ夫婦関係作り／子どもの前で配偶者の悪口を言わない／

第5章

第1章

増える「心理的虐待」

日本における児童虐待の歴史

日本における児童虐待の通告件数は、統計を取り始めた1990年度から一貫して増加傾向にある。

1990年代は、児童虐待の問題が大きくクローズアップされ始めた時期で、その声の高まりが2000年の児童虐待防止法制定へと繋がっている。

1990年代以前の日本においては、児童虐待というのは貧困などの結果として生じることで、主に社会病理としての側面で語られることが多かった。しかし、1989年に国連で児童の権利に関する条約が採択されると、日本でも「子どもの人権」に関する注目度が上がってきた。

児童の権利に関する条約で4原則とされているのは、日本ユニセフ協会によれば以下の4項目である。

〝・**差別の禁止（差別のないこと）**：すべての子どもは、子ども自身や親の人種や国籍、性、意見、障がい、経済状況などどんな理由でも差別されず、条約の定めるすべての権利が保障されます。

・**子どもの最善の利益（子どもにとって最もよいこと）**：子どもに関することが決められ、行われる時は、「その子どもにとって最もよいことは何か」を第一に考えます。

・**生命、生存及び発達に対する権利（命を守られ成長できること）**：すべての子どもの命が守られ、もって生まれた能力を十分に伸ばして成長できるよう、医療、教育、生活への支援などを受けることが保障されます。

・**子どもの意見の尊重（子どもが意味のある参加ができること）**：子どもは自分に関係のある事柄について自由に意見を表すことができ、おとなはその意見を子どもの発達に応じて十分に考慮します。〟（日本ユニセフ協会ウェブサイトより）

この条約が制定されると、日本を含め多くの国で「子どもの権利」を見直す動きが起きて、日本では１９９０年3月、日本で初めて医療・保健・福祉・教育・報道などの関係者によって子どもの虐待を防止するために「児童虐待防止協会（ＡＰＣＡ）」が設立されている。同協会のＷＥＢサイトによれば、〝きっかけは関西テレビで制作・放映された児童虐待のドキュメント番組「密室の親子」の反響の大きさでした〟という。

こうした動きが社会を大きく動かし、１９９４年には日本も「児童の権利に関する条約」を批准。１９９９年には政府による児童虐待対策協議会が結成され、２０００年にはついに「児童虐待の防止などに関する法律＝児童虐待防止法」が成立したのである。

最初の児童虐待防止法に書かれた「心理的虐待」

児童虐待防止法では、当初から虐待の定義として「身体的虐待」「性的虐待」「ネグレクト」「心理的虐待」の４つが記載されていた。しかし、当初の「心理的虐待」

は、「児童に著しい心理的外傷を与える言動を行うこと」と定義されているだけだった。ところが、2004年の改正で、この定義に「児童が同居する家庭における配偶者に対する暴力」が記載され、児童に対して直接向けられた行為でなくとも児童虐待に含まれることが定義された。

周知されにくい「心理的虐待」

とはいえ、まだ2004年の段階では、周知されていたとは言えないだろう。「はじめに」で掲出した子ども家庭庁の報告を見ても明らかなように、2012（平成24）年度までは、心理的虐待の相談件数は身体的虐待などよりも少なかったのである。

この本を手に取った読者の皆さんの中にも、「心理的虐待」という言葉に、まだあまり馴染みのない人も多いだろう。児童虐待というと子どもに暴力を振るう、折檻を行うといった印象を抱く人がほとんどだと思われる。

なぜあまり周知されないのだろうか？

その理由を考えるために、「心理的虐待」について、再びその定義を振り返ってみよう。


WHOでは、児童虐待について「チャイルド・マルトリートメント（不適切な養育）」という言葉を用いて定義づけしている。その定義では、身体的虐待、性的虐待、心理的虐待、ネグレクトを「マルトリートメント」としている。

同じく、日本の児童虐待防止法でも第2条において、その4つを児童虐待の定義としている。


このうち、身体的虐待やネグレクト、あるいは性的虐待については、わかりやすくイメージがつきやすいだろう。しかし、心理的虐待は、そのような極端なケースではなく、「しつけ」と称して脅したり、暴言や自尊心を傷つけるような言葉をぶつけたりする、人によっては日常生活において起こり得るものが大半なのだ。

東京都目黒区のサイトのコンテンツである「MEGURO＋」は、「子どもへの心理的虐待　子どもの声を大切に」と題して、心理的虐待の具体例を子どもに「こんないやなこと、ありませんか？」と問いかける形で紹介している。

そこで挙げられている具体例は次のようなものになる。

・ひどい言葉で怒られる

「どこかに行ってしまえ」「産まなきゃよかった」など、ひどい言葉を言われる。

・自分の気持ちとは違うことを押し付けられる

あまり好きじゃない習い事の練習を頑張ってやったけど、「もっとできるでしょ」と言われて苦しくなる。

・無視される

話しかけても無視をされたり、冷たい態度をとられたりする。

・きょうだいや友達と比べられる

「お兄ちゃんの方が勉強できる」「○○ちゃんの方がいい子」などと言われ、いやな気持ちになる。

・両親がけんかする

自分の目の前で両親がけんかをしたり、暴力をふるったりする姿を見て、悲しい気持ちになる。〟(目黒区「MEGURO＋」より)

筆者も含め、昭和を生きた世代にとって「しつけの一貫」と捉えてしまったり、忙しいときについ感情的になっただけ……と思ったりしてしまう人も少なくないのではないだろうか。

実際、筆者自身も3〜4歳の頃、何が原因だったのかわからないが親に怒られ「うちの子ではなく○○ちゃんの家の子になりなさい！」と言われて庭に締め出され、大泣きしながら「開けて！　開けて！」とドアを叩いていた記憶がある。

家庭だけではない。学校においても、教師が絶対的な権力を持っており、児童や生徒への体罰は当たり前だった時代だ。小学生の頃は教師が児童を他の生徒が見ている前で、人格否定的な言葉で叱責することもざらにあった時代だ。

しかし、大人にとっては、しつけのつもりだったり、一時的に感情的な言葉をぶつけてしまったりしただけで、シリアスなものではなかったつもりでも、それらを受け取る子どもにとってはまったく次元が異なる話なのだ。

心理的虐待を受けたサバイバーは、どのような傷を負ってしまっているのか？

幼い頃に親から「心理的虐待」に該当する扱いを受け、大人になった今もなお生きづらさを抱えている当事者の話に耳を傾け、「心理的虐待」にあたる行為が、いかに彼らを今でも苦しめ続けているのかを探っていこう。

第2章

生きづらさを抱える心理的虐待サバイバーたち

心理的虐待サバイバー、7つのケース

親が口にする言葉が、いかに幼い子どもに強い禍根を残すのか。

筆者は、「心理的虐待」を受けていたというサバイバーの方々にアクセスし、彼らにインタビューを試みることにした。

心理的虐待は、目に見える虐待として傷が残る身体的虐待などと異なり、加害を与える親も、被害を受ける子どもも、それを「虐待」と受け取っていないことも少なくない。ましてや、すでに成人したサバイバーであれば、彼らの子どもの頃といえば、まだしつけと称し体罰を振るう親や教師も普通に横行していた時代だ。

なかなか見つけ出しにくいかと思ったが、幸いなことに7人の方にお話を聞くことができた。

いずれも成人した方々であるが、成人してもなお昨日のことのように心理的虐待

の記憶を語ってくれ、今もなおその「後遺症」に苦しんでいたのだ。

ケース1：「あんたなんか産まなきゃよかった」

渡辺河童さん（ペンネーム・53歳・漫画家）

物心ついた頃から両親に言葉と暴力の虐待を受けていた渡辺さん。母親からは「あんたなんか産まなきゃよかった」「あんたのような×××はうちの子じゃない」、父親からは「お前は馬鹿か」「お前の頭は帽子の土台か」など、人格否定をされる言葉を投げつけられていたという。それに対し渡辺さんは「はい、ごめんなさい」と答えていた。

暴言だけではない。小さい頃から絵を描くのが好きで、図画工作の時間に絵が上手に描けたとき、多くの子どもがそうするように、得意げに親に見せたことがあるという。しかし、親から返ってきたのは、「褒めてほしいわけ?」という素っ気ない返事だけだったという。

「自分が虐待を受けていることに気づいたのは、小学校低学年のときです。今まで親がひどい言葉を子どもに言うのは普通だと思っていたのですが、小3のとき友達の家に遊びに行ったら、その友達のお母さんがすごく優しくて、自分の親はおかしいのだと初めて気づきました」

もちろん、渡辺さんのご両親も、機嫌がいいとモノを買ってくれた。だが、暴言をぶつけられるときとのギャップのせいか、渡辺さんはいつしか親の顔色をうかがい、買い物の際は荷物を持ってあげ、自分ができることを、とにかくやるようになっていたという。

家は商売をやっていたため、両親が家にいる時間は短く、いわゆる「鍵っ子」だった。

「ある日、風邪で学校を休み、一人で家で寝ていたら、隣の席の女子がお見舞いに来て、少女漫画雑誌の『りぼん』を持ってきてくれたんです。当時は少女漫画を理解できなかったのですが、漫画っておもしろいなと思い、父親の機嫌がいいときに『漫画を買ってください』とお願いしたことがあります。すると、『ブラックジャック』の６巻を買ってきてくれました。読んだら夢中になってしまって。これが僕が漫画家になりたいと思ったきっかけです。でも、親に『将来は漫画家になりたい』と言うと『そんなヤクザな仕事はやめなさい』と言われました」

また、渡辺さんはＦｔＸ（生物学的には女性として生まれたが性自認が男性にも女性にも当てはまらない）のＸジェンダー当事者でもある。

渡辺さんは、小学校３年生の頃から女性である自分の生物学的性に違和感を抱き始めた。このくらいの年齢から男子は男子で、女子は女子で遊び始める。男子はサッカー、女子はゴム跳びをして遊んでいる中、渡辺さんはどちらにも入れず、「オトコオンナ」と言われていじめを受け始めた。中学に入ると制服でスカートを履かないといけないのが苦痛だった。高校に入ると、もうスカートが我慢できなくなりジャージで登校するようになったという。

「でも、いつもジャージ姿でいる僕を見かねた理解のある先生が、あるとき学ランをプレゼントしてくれたんです。当時はまだＬＧＢＴＱなんて言葉はなかったのに僕が男になりたいことを気遣ってくれてすごく嬉しくて、それからは毎日学ランを着て登校しました。高校在学中は漫画を描くための画材を買いたくて、バイトも始めました。でも、親にはせっかく働いて買った画材を捨てられました。Ｇペンなんて、ポッキリ折られました。画材だけじゃありません。お気に入りのレコードも真っ二つに割られていました。また新たな画材を買って隠しても探し出されて捨てられていました」

17歳のときに、親から逃げて一人暮らし

家にいると好きな漫画を自由に描けない。そんな思いから中高生の頃から家を遠ざけ始め、友達の家に外泊することが増えた。そして、17歳になると、家を出て一人暮らしを始めたという。家賃は3万円で風呂・トイレは共同。当時は審査なども緩く、保証人の書類に自分で親のサインを書いて、「親にサインをもらいました」と不動産屋に提出すると、すぐに新居に入れた。

渡辺さんの漫画関係のものをすぐに捨てるわりには無関心なところもあり、親は渡辺さんが家を出ていく準備を着々と進めていたことにも気づかず、引っ越してからも特に連れ戻しに来ることもなかったという。

一人暮らしをしてようやく親から解放されて自由になれた。

「高校卒業後はそのままエスカレーター式で入れる短大に進学し、幼児教育学を学

びました。なんだかんだ学費は親が払っていたようです。短大在学中も漫画を描き続け、卒業後は一年間原宿のクレープ屋で働きながら漫画家を目指していました。そんなとき、漫画家志望仲間が同人誌を作るという話になり、『あと3ページ足りないから何か描いてほしい』と頼まれました。それで3ページ分のイラストを描いたのですが、それがとある編集者の目に留まり、商業漫画家としてデビューすることができました。ちなみにデビュー作は成人向け漫画です。漫画家デビューできたことが嬉しくて親に報告したら、やはり『そんなヤクザな仕事はやめろ』と反対されました」

親にはそう言われたものの、渡辺さんは念願の漫画家デビューを果たす。その後、漫画の仕事をしながら自営業でホームページを作成する仕事も請け負っていた。彼女もできて同棲をしていたがある日、仕事の打ち合わせに出かけようとした瞬間、体が動かなくなってしまった。

うつ病を患い自殺未遂

「過労と、さまざまなことで積み重なったストレスでうつ病になってしまったんです。それで、もう死んでしまおうと決めて、最後にお別れの挨拶代わりに一人ひとり友人を家に招いておしゃべりをしました。最後の友人と一通りおしゃべりをして見送った後、精神安定剤や抗うつ薬、睡眠薬を大量に飲んでオーバードーズで自殺をはかりました」

しかし、友人が携帯電話を渡辺さんの家に忘れたことに気づき、取りに帰ってきたことで死を免れることになった。友人が通報し、渡辺さんは緊急搬送され、一命を取り留めた。そしてそのまま精神科に入院することになった。

「入院の際、母親が来てくれたのですが、僕と母親が個別に医師に呼ばれました。それで、医師が僕に話してくれたのは『君のお母さんは自己愛性パーソナリティ障害という病気だよ』ということでした。『病気のせいで君に暴言を吐いてきたことを覚えていないんだよ』とのことでした」

自己愛性パーソナリティ障害とは、自分は優れていて偉大な存在だと思い込む障害だ。多くの場合、本人に自覚はなく周りの人が振り回される傾向にある。

「退院後、自宅に戻って仕事復帰をしたのですが、うつ病のせいで部屋が片付けられずゴミ屋敷状態になっていました。医師からは再度入院を勧められたのですが仕事をしないといけません。それで途方に暮れていると、訪問看護や訪問介護を受けることを提案されました。訪問看護で看護師さんが来てくれる他、介護士さんが部屋の片付けをしてくれました。介護士さんのおかげでまともな生活を取り戻せたので、僕も誰か人の役に立ちたいと思い、今から看護師資格を取るのは大変だけど、介護士の資格なら取れるかもしれないと思い、勉強を始めました。でも、うつ病が寛解していないので医師からはくれぐれも無理のないように、キツくなったらやめるようにと釘をさされました」

介護士の資格を取るために、まずは高齢者施設で高齢者の話し相手をする職場体験からスタートした。その後、介護士になるための学校に通い始めた。

「学校のスケジュールはハードでしたが資格を取るために頑張りました。でも、途中でうつ病がひどくなり、もう自分は介護士に向いていないのかもしれないと思って二度目のオーバードーズをしてしまいました。気づくと病院で点滴に繋がれており、二度目の自殺も未遂で終わりました。それでも生きていくのであれば、介護士になる夢をあきらめたくなかったので主治医に相談の上、資格を取るために勉強を再開して、ようやく介護士の資格を取ることができました」

その後、派遣会社を通じて介護士として働く施設を紹介され、そこで働くようになった。その頃にはうつの調子もだいぶ良くなっており、充実した介護士生活を送れるようになっていた。

「人の役に立てる介護士という仕事は、僕にとってとてもありがたい仕事でした。でも、現在はうつ病の調子が悪くなってしまったのと、仕事中に足を怪我してしまったため、介護士としての仕事はできなくなってしまいました。仕事はたまに漫画の仕事とティーンズラブの音声ドラマを作ったり、デザインや企業から出るフィギュアの受注生産をして生計を立てています。でも、フリーランスは仕事の波があるためいつなくなってしまうのか怖いです。このまま生活保護を受けることになってしまわないかと考え込んでしまうこともあります」

大人になってからも低い自己肯定感

渡辺さんは、この話からもわかるように、幼い頃から虐待を受けていたため、いまだに自己肯定感が低く、何に対しても自分が悪いのかもしれないと思ってしまいがちだという。

友人に連絡したのに既読にならず、その友人がSNSを更新しているのを見た際は、自分が何か悪いことをしたのかと思い「ごめんなさい。僕、何かしましたか?」と落ち込んで連絡をしたら、単にその友人が連絡に気づいていなかっただけということもあった。

幼い頃、両親から受けた心無い言葉によってつけられた傷のせいもあって、いまだにうつ病に苦しまされている渡辺さん。現在進行系で親から心理的虐待を受けている人に、どんなメッセージがあるかと聞くと、次のような答えが返ってきた。

「もっとワガママになっていい。もし親があなたに暴言をぶつけてくるようなら、早く親から逃げたほうがいい」

17歳で親から逃げた渡辺さん。父親はすでにがんで亡くなった。亡くなる直前に仲直りはしたものの、訃報を聞いたときは「ざまあみろ」と思ったという。母親とは連絡を取り合っているが、いまだに親を許せず、うつ病にも苦しまされている。

ケース2：「宗教二世」として親から受けた仕打ち

横道誠さん（45歳・大学教授）

宗教二世当事者、また発達障害当事者としてここ数年で多くの本を出版している横道誠さん。横道さんは、大人になって大学教授として働いている今もなお、常に死にたい気持ちが続いているという。

その背景にあるのは、やはり幼少期の体験だ。

「幼い頃、母親がとある有名な新宗教に入信しました。その宗教は暴力的なものを禁止しているため、体育の時間の柔道さえ禁止されていました。しかし、私はそんな宗教の教義など気にせずに参加していました。また、私はオタクで漫画が好きなのですが、少年マンガを購入するにしても残虐なシーンがあると禁止されていました。他にも宗教の教義に背いたことをすると、硬いガスホースで叩かれて、1～2時間ベランダに放り出されて、反省させられたりしていました。それと、私自身が発達障害があったのですが、そもそも発達障害に関する知識が社会に浸透していなかったこともあり、私の発達障害としての特性が理解されることもなく、ただただダメ出しされる日々を送っていました」

母親が宗教にハマり、その教義を横道さんら子どもたちにも押し付ける一方で、父親は仕事と不倫ばかり。家庭を顧(かえり)みず宗教にも入っていなかった。ただ、たまに帰ってきては横道さんや妹に小遣いをくれたり、何かとプレゼントを贈ってくれた。

ある年のクリスマス、父親が子どもたちにクリスマスプレゼントを用意してくれていたことがあった。しかし、母親が入信していた宗教は、クリスマスや誕生日などの行事が禁止されている。こうした父親の行為に母親は不満を募らせたものの、父親を止めることはなかった。また、父が家に帰らないことに母親は苦しんでいたが、その宗教の教義では離婚も原則として禁止されているためどうすることもできない。だからこそ、母親の宗教熱はそのまま子どもたちに向けられたのかもしれない。

また、当時は70年代のオカルトブームや、80年代の新宗教ブーム、そして99年に「恐怖の大王が舞い降りて世界が滅ぶ」というノストラダムスの大予言がまことしやかに囁かれ、世紀末への危機感を抱く人も少なくなかった時代だ。それまでに自分たちの家族が滅ぼされないようにと考えたことが母親の信仰を強化し、子どもたちへの教義の押し付けに繋がったのではないかと横道さんは分析している。

「ただ、他の宗教二世の人と比べると私の場合、だいぶ自由はあったように思います。私の記憶の中で特に嫌だったのは、平日に週2回あるその宗教の集会が、当時毎回アニメをやっていた夜7時台くらいから開かれていたことです。私はアニメを観たいのに、母はそれを許さず、集会に参加させられる。アニメを観られないことが嫌でした。それと、発達障害の特性である多動があるため、じっとしていられないので、集会の間ずっとソワソワしていると、「落ち着きがない」と、母から折檻を受けました。また、その宗教では、学生の信者は基本的には高校や大学に進学せず、中学を卒業したら布教活動のために時間を割くことが推奨されていました。就職も正社員ではなくパートが推奨されていました。しかし、この点においては、母はＰＴＡの会長を務めたりと教育ママの面もあったために、宗教の教義を全面的に受けいれるのには、葛藤があったようです」

教義押し付けに反発、母親は「勉強」押し付けに移行

横道さんは小学５～６年生の頃には自我が確立していたためか、教義も気にせず柔道に参加するなど母親からの押し付けと距離を持ち始めた。また、中学生の頃には身長も母親を超えたためか、横道さんに信仰を強いることがなくなり、そのかわり、母親は勉強に注力するよう求めてきたという。

「父は中卒、母は高校中退で二人が二十歳くらいの時に結婚しているせいか、母親はいわゆる教育ママでした。私自身は勉強は好きだったので、勉強の押し付けは抵抗なく受け入れられましたし、他の同世代信者のように、大学進学を禁止されなかったことには感謝しています」

その甲斐あって、無事大学進学に成功した横道さんは、入学とともに家を出て一人暮らしを始めた。いくつもバイトを掛け持ちして、夕方から百貨店で放送のバイトを21時まで、その後コンビニで深夜から早朝まで働き、睡眠不足の状態で講義を受けていたという。そこまでしても家を出たかったのだ。

家を出て憑き物が落ちたが、今も影を落とすもの

家を出て、自身の家庭のおかしさを改めて客観視し、憑き物が落ちたように自由になったという横道さんだが、当時の経験はいまだに影を落としている。というの

も、横道さんは働くうちにうつ状態になり、アルコール依存症に陥り、まともに睡眠がとれなくなったのだ。働き始めてから10年ほど経った頃には、休職を余儀なくされることになってしまったという。

「今、依存症の専門病院に通っています。そこの先生は、依存症の人は発達障害や虐待経験などの問題がある人がほとんどだと言っていました。昔は依存症というと、だらしないから酒や薬に溺れるというイメージがあったと思います。でも、実際には、生きている上で非常に苦しいことがある。そこから自分なりになんとか逃れるために依存物質や行動嗜癖に溺れるんです。例えば私は仕事から帰ってきて19時からビールを飲み始め、日付が変わるまで日本酒、ウィスキー、酎ハイ、ワインを飲むみたいなことを毎晩、10年間ほどやっていたんです」

横道さんは今もなお、常に死にたい気持ちがあるという。そんな彼が、死を選ばないですんでいるのは自助会の存在だという。横道さんは発達障害者や宗教二世、アダルトチルドレンやLGBTQを対象とした自助会を10種類も主宰しており、その存在がとても大きいそうだ。ちなみに、アルコールは昔のように何時間も飲むことはなくなったが、お酒自体をやめてはいない。

心理的虐待で傷ついた心は、大人になっても救済を必要とする。そこに、依存症などが入り込んでしまう可能性はあるのかもしれない。

ケース3：きょうだい同士での比較できょうだい不仲に

前田香さん（仮名・28歳・フリーライター）

「障害があっても勉強ができればやっていけると言われ、勉強はしっかりやっていたので成績も良かったのですが、勉強が得意でない兄や弟と比較されていたため、きょうだい仲が悪いんです」

そう語るのは視覚障害のある前田香さん。前田さんの家庭は複雑で、前田さんが幼い頃に両親が離婚し前田さんは母についていき、母の再婚相手に兄と妹がおり、再婚相手と母の間に弟が生まれた。

「私は勉強ができましたが、兄は公文式の問題集を解き終えるまで寝かせてもらえないといった教育虐待も受けていました。高校のときはテストで平均点を下回る科目が３つ以上ある場合には自分の部屋に携帯を持っていってはいけない、家族共有のパソコンも点数が良くないと使ってはいけないという決まりがありました。他のきょうだいより勉強ができた私は、携帯やパソコンを自由に使えることが多かったのですが、兄や弟、妹たちは使えないことが多く、それできょうだい間で面倒くさくなることが多かったです。再婚相手の父は学歴主義者で、大学まで行くのが当然といった考えでした」

もちろん、悪い思い出ばかりでもない。視覚障害を抱えており、眼鏡をかけてなんとか少し見える状態の前田さんだが、彼女のために実家を新築する際に、階段が見えやすいように階段の色を互い違いにしてくれたり、手すりをつけてくれたりとバリアフリーな家にしてくれたことや、本を読むための書見台も買ってくれたこともあり、それにはとても感謝しているという。

勉強以外でも子どもの意思は尊重されない

しかし、根本的なところでは、前田さんの両親が、習い事や部活に関して、彼女の意思を尊重することはなかった。

「書道を習わせられたのですが、一向にうまくならないし、墨で手が汚れるのも嫌だったのでやめたかったのですがやめさせてもらえませんでした。また、高校生のときに何を思ったのかうっかり運動部に入ってしまったんです。でも全然向いていなくてやめたいと親に言ったのですが、入部の際に道具を買っているからダメだと言われて。道具代を小遣いから引いていいからやめたいと言っても聞き入れてもらえませんでした。結局幽霊部員を続けていたら、担任が、私が部活に行っていないことを親に言おうとしたので涙を浮かべて事情を話し、ことなきを得ました」

勉強ができた分、きょうだいとの比較で自尊心を傷つけられることはなかったものの、彼女の1歳下になる妹は、姉と比較されて屈辱的な気持ちになることもあったようだ。高校生の頃に模試があると妹と前田さんの結果を比べて、「なんでお姉ちゃんは目が悪くても勉強できるのにあなたはできないの」などと言われていたという。

こうした積み重ねによって、きょうだい間の仲はますます悪化していった。兄と妹は、進学の際にも親とかなりもめたという。前田さんは成績の良さから関東の国立大に進学したが、兄と妹は大学には行かず兄は就職、妹は専門学校に行くことになった。

大学進学を機に親から離れたが、うつ病に

「早く家を出たかったので、実家から遠く離れた関東の国立大に進学して理系に進みました。うちは、子どもたちは一度は一人暮らしをしろという教育方針の家庭なので、家を離れることは全く問題なく、何かと干渉してくる親から離れられて本当に嬉しかったです。仕送りもきちんともらっていました。ただ、一人暮らしで自由になったら、実家のときにずっと抱えていた緊張感のようなものがプツンと切れてしまい、大学卒業間近にうつ病を発症してしまったんです。その際に発達障害（ASD）があることも判明しました」

うつ病を患いながらもなんとか大学を卒業した前田さん。しかし、大学院の入試に失敗し、非正規雇用で働くことになった。ところが、ASDとうつ病を抱えた身での新社会人生活はうまくいかず、休職してしまう。とりあえずバイトで食い繋ぐも立ち行かなくなり、実家に帰らざるを得なくなってしまった。

「実家にいると近所の人たちから『弟さん、受験が大変みたいね』と言われたことはとても面倒でした。弟に一切関心がないので、私と比べられて気の毒というより、関心がない相手について、自分と比べられてあれこれ聞かされることがしんどくて。親も私のことを勉強ができるすごい子と近所の人に言いふらしていたみたいで。執着というんですかね……」

しばらくの間実家にいた前田さんだったが、前田さんの障害に関して取材をしてきた記者の人と縁があり、ライターの仕事をするようになった。そしてそれで食べていけるとわかってからは、上京してまた一人暮らしを始めた。

「今はライターの仕事の他にも副業をし、障害年金で暮らせています。ライターに関しては大学時代にサイエンスを学んでいたので医療従事者向けの出版社から仕事をいただいています。父はフリーランスとして働くことにあまり理解をしていないのですが、母は地元の市役所で事務員を始めてから、窓口に来る障害者の実態を知り、私が普通の仕事では1円も稼げない状態だと実感したらしく、フリーランスでしか収入を得る手段がないとわかったようです。きょうだいたちとは今、地元を離れて暮らしているので、ほとんど関係をもっていません。この先、親が亡くなった場合は、障害者手帳を持っていて相続税が控除されるため、将来的には私が実家を貸し出して家賃収入を得るのも手かなと思っています」

きょうだい間の差別は、下げられるほうでなく、上げられるほうにも生きづらさを生じさせてしまう。彼女もまた、やはり物理的に親から離れたり、自分からは連絡しないというルールを作ったことが解決の一つとなっているようだ。

ケース4：親からの指示はまるで「洗脳」

北川義彦さん（仮名・40歳・会社員）

関西の国立大学を大学院まで修了し、現在は大手製薬会社に勤めている北川義彦さん。順風満帆にも思える北川さんだが、彼もまた、小学生の頃からテストで80点以上取らないと母親から定規で叩かれるといった体罰を受けてきた。

北川さんは弟がおり、きょうだい間でテストの点数を比べられるのは当然のこと、「同じクラスの○○さんは何点だったの？」と聞かれ、そのクラスメイトよりも点数が低いと怒られていた。加えて、たとえ100点を取ったとしても褒められたこともなかった。

「実家は関西の田舎なのですが、親や親戚からは大人になったら教師か公務員になれと言われてきました。入る大学も関西の国立大の理系と決められていました。母親にこういう人生を歩むのが一番いいという思いがあったようで、常にそうした人生が僕らにとって最良であると言われてきました。仮に僕がそれに反抗しようものなら体罰という感じでした。自分の子どもを自分の思う通りにしたかったみたいです。漫画は読むことを禁止されていましたし、テレビも夜9時以降は禁止で、当時歌番組などは夜の9時以降が多かったので、流行っている曲などには学校で全然ついていけませんでした」

大学進学で気づいた生育環境の特殊性

猛勉強の末、親の望んだ通り、関西の難関国立大学の理系に進学した北川さん。実家から通うには遠い大学だったため、一人暮らしを始めた。自分の親がおかしいと気づいたのは一人暮らしを始めてからだった。

「高校のときまでは親の言う通りにして、親のことをうるさいなと思ったことはありませんでした。でも、一人暮らしを始めて大学で友人ができたらその友人たちの家庭とうちが全然違ったんです。『田舎あるある』なのかもしれませんが、生まれたときからもう将来は医者になるか教師になるか公務員になるかで決められていたのです。ところが、大学の友人に話を聞くと、そんな環境で育った人はいませんでした。それと、実家のある田舎に特有のことなんですが、誰がどこに住んで何をしているのかみんな知っています。正直東京ではアパートの隣人がどんな人かも知らないのに、田舎は人との繋がりが濃密過ぎて苦しかったのだと気づきました。もちろん、それには悪い面ばかりではなく、困ったことがあると助け合えるという利点もあります。ですが、それを気にして母は僕のことを近所の人に親の言うことを聞く良い子どもとして見せたかったのだと思っています。それを薄々子どもの頃から感じ取っていたように思います。やはり一人暮らしがターニングポイントでしたね」

一人暮らしをしてから親からの「洗脳」が解けたという北川さん。そのまま地元で暮らして何も知らないまま教師や公務員になっていても幸せだったかもしれないが、広い世界を知れた今はようやく洗脳から解放された感じだという。

北川さんに、親からの自立という決定的な転機が訪れたのは大学を卒業し、大学院に進学したときだ。大学院進学を反対していた親は、仕送りをストップしてきたのだ。

ところが彼は、そんな親に反旗を翻し、大学院の学費を自分でまかなうことを決意する。関西なので家賃が月3万円と安かったのも好都合だった。工事現場などで肉体労働のバイトをして稼ぎ、学費と生活費をまかないながら大学院の授業を受け続けた。大学院終了後も、親が望むコースである教師や公務員にもならず、生まれ育った関西を離れ、上京して大手製薬会社に就職した。自分の行きたい道に進んだ北川さんであるが、上司のパワハラが原因でうつ病になってしまった。

今も周囲の目を異常に気にしてしまう

「小さい頃に親から人と比べられ続けてしまったせいか、周りの人の目を異常に気にしてしまうんです。ところが、就職したらミスをするとみんなの前で怒鳴られて怒られるようなパワハラ気質の上司がいる環境だった。そこで過剰反応してしまい……。結局3か月休職し、産業医の先生や上の人たちが配慮して、パワハラ上司とは違う部署にしてくれました」

今でも北川さんはうつ病の薬を飲んで勤務している。そして、精神障害の自助グループを起ち上げ、そこで思いの丈を話すことで心穏やかになるのだという。

「うつ病の他にも結婚と離婚を経験しました。結婚の際は親からひどいことを言われました。相手の女性について、事実無根の差別的な疑いを口にされたこともあります。それが結婚相手に伝わり、相手の両親もカンカンに怒っていました。子どもも生まれたのですが、結局結婚生活は、性格の不一致でうまくいかず離婚となりました。今は養育費を払いながら独身生活を送っています。親は結婚のときも小言を言ってきたのに、なぜか離婚のときも反対してきました。それで、たまに実家に帰ると親が信仰している宗教団体の信者の女性を再婚相手として紹介してこようとするんです。それをうまくかわしながら実家では過ごしています」

幼い頃から虐待を受けてきた北川さんは「生きているだけで価値がある」といった言葉の意味がまったくわからないと語る。そういう言葉は自分に自信がある人にだけ響くものなのではないかとのことだった。

「今の仕事はいろんな人とコミュニケーションを取りながら、情報を取ってきて広めるといった広報なのですが、そういうことがガンガンできる人って自己肯定感が高くてすごいと思います。僕は知らない人に声をかけるのが苦手なので……。元妻のほうは親とうまくいっている家庭で、何かあったら親に相談をしていました。僕からすると親に相談をできるのが羨ましいです。僕、何かを親に相談したことが一度もないんです。例えば小さい頃いじめられていたとしても、親には相談しなかったと思います。だって、親に相談しても否定的な言葉しか返ってこないことがわかっていたので……」

田舎の閉塞感と、親からの抑圧。この経験は、いまだに彼をからめ捕って、自由にさせてくれないようだ。

ケース5：口を開けば父親についての愚痴ばかりだった母

野村優子さん（仮名・28歳・パート）

野村さんは父と母、そして弟と妹の5人家族。

彼女は主に母親からの暴言を浴びてきたサバイバーだが、その「暴言」に、とりわけある言葉が多かったという。


「母が私にだけ、父に対する愚痴をこぼすんです。それだけでも嫌なのに、一つでもこちらが返事を間違えると、怒りの矛先が私に回ってくる。だから、母の愚痴に対して地雷を踏まないように、常に母の顔色をうかがいながら返答していました。

父に関する愚痴といっても、ほんの些細なことです。例えば、父が食器を洗った後に食器入れに片付けない……といったことなどです。地雷を踏まないように考えながら返答をするので返事が遅くなり、それで余計に母をイライラさせてしまったこともあります。私が取った対応法は、とにかく理解のあるふりをすることでした。『お母さんは悪くないよ』とか。母は、離婚したいと言ってきたこともありました。きょうだいの中で私にだけ母が愚痴をこぼしたり、強くあたるのは、私が長女で一番愚痴を言いやすかったのだと思います。愚痴を言い合えるママ友もいないようだったので……」

常に娘のことを把握しないと気がすまない母

また、野村さんの母親は過干渉で、野村さんのことを常に把握していないと気がすまないとのことだった。

出かける際もどこに行くのか伝えなければならない。実はこのインタビューもオンラインで行ったのだが、今現在母親と暮らしているため、インタビュー内容を聞かれてはまずいと、完全個室のネットカフェに行って対応してくれたのだ。ネットカフェに行く際は「ちょっと街に出てくる」と言って出てきたらしい。

「母は私が少しでも後ろ向きなことを言うと、『悲劇のヒロインぶっている』と馬鹿にします。それで、やはり私がいけないのかなと思うことが多くて。実は小学生の頃、学校でいじめられていたんです。小学生のいじめでよくあるバイキン扱いです。それが担任の先生の耳に入り、担任の先生が母に連絡してきたのですが、母からは心配されるどころか、『いじめられるなんて恥ずかしい』とまで言われてしまいました。母からは見放されたような言葉を突きつけられ、学校ではいじめも終わることがありませんでした。他にも小学生の頃、なかなか友達ができないのを担任の先生が心配して母に伝えたのですが、それも『友達もできないなんて恥ずかしい、あんたは暗いからダメなんだ』と言われました」

他の家族には隠していた長女への対応

幸いなことに、父親は定時には上がってきて家族との時間を作る良い父親だったそうだが、当の母親は、野村さんにだけ強くあたっていることを父親や他のきょうだいには隠していたという。

とにかく野村さんを自分のモノとして所有しておきたい母親は、野村さんが地域の祭りに行くことも禁じていた。祭りでは不良が集まってきてトラブルが起こるからとか、娘を心配してのことかと思いきや、完全に母親の気分で祭りがうるさくて嫌いだったかららしい。

高校生になり進路を決める時期、野村さんは大学進学を希望していた。しかし、母親は大学に行くことを猛反対してきた。学費の問題ではなく、おそらく母親が中卒だったため大学に行くという考え自体がなかったのではないかと野村さんは振り返る。それでも反対を押し切り野村さんは大学へ進学した。

「大学に進学するにあたって一人暮らしを始めました。一人暮らしはものすごい解放感でした。でも、大学に入ってすぐにうつ病になってしまったんです。なんだか、実家だと病んでいる暇もなかったのが、突然自由になって緊張感がなくなってしまったんだと思います」

大人になってからも強い自責感が抜けず……

うつ病を抱えながらも大学を卒業した野村さんは、新卒で介護の仕事に就いた。そこでパワハラを受けたのだが、それをパワハラと気づけなかったという。

「上司から『辞めてしまえ』などと言われていました。結局その職場は辞めて転職したのですが、あるとき、知人に前の職場でこんなことを言われたと言うと、『それはパワハラだよ！』と言われたんです。そこでやっと、これってパワハラで人に相談していいことだったんだと気づきました。どうしても自分がいけないのだと思い込んでしまうんです」

うつ病の影響もあり職を転々としていた野村さん。ついに耐えきれなくなったある日、母親に長文で「もう親子の縁を切りたい」といった内容のメールをしてオーバードーズをしてしまう。一日だけ入院して命に別状はなかったものの、両親からもう一人暮らしをさせておけないと言われてしまった。しかし、彼女は実家に戻るのも嫌だったため、一旦叔母の家に居候させてもらうことにした。しかし、叔母の家ではオーバードーズの影響からか躁状態になってうまくいかず、結局実家に戻ることになった。

「実家に戻ってから一度だけものすごい剣幕で母親を怒鳴りつけたことがあるんです。『お母さんって昔こういうことを私に言ったよね』と。そしたら母親は泣き出して、『そんなの昔のことじゃん』と言うので『昔のことだからってすまされないんだよ！』と返しました。泣いている母親を見たらすごく開けた気分になりました」

現在、野村さんの診断は双極性障害となっており、障害者手帳を取り、パートタイムで働いている。月の収入はパートの13万円と障害年金で、食費を家に入れている。今はパートタイムだが、フルタイムで働いてまた一人暮らしをしたいと就労移行支援に通うことを検討しているところだ。

「母に内緒で月に1回カウンセリングにも通っています。ただ、そのカウンセリングは保険がきかなくて高いため、今月いっぱいでやめるつもりです。1時間のカウンセリングで7500円もします。これでも安いほうなのですが、現在の収入ではもう限界です。カウンセリングでは主に母との関係について話し、カウンセリングを受けてからはそんなに卑屈にならなくていいんだなと思えるようになりました」

母親と娘の関係には難しいものがある。

筆者自身も過去に母と確執があった。また、ノンフィクション作家の菅野久美子さんの著書『母を捨てる』（プレジデント社）にも母親からの壮絶な虐待経験が綴られている。
カウンセリングを受けて多少自分のことを責めなくなった野村さんが今後また一人暮らしを再開できることを願いたい。

ケース6：日常茶飯事だった眼の前の夫婦喧嘩

中島玲奈さん（仮名・34歳・保育士）

幼い頃から夫婦喧嘩を見せられてきた中島玲奈さん。兄1人と妹2人がおり、夫婦喧嘩が始まると、「また始まったか……」といった雰囲気できょうだい同士感情を押し殺していたという。

「父親はアルコール依存症でした。田舎で車が必要だったため、外で飲むことはほとんどありません。だから、家に帰ってきて飲んでは、毎晩暴言を吐いて暴れていました。ひどいときは灰皿が飛んできたこともありました」

問題があるのは父親だけではなかった。夫婦仲が悪いと思いきや、中島さんは幼い頃何度も両親の性行為を目撃している。家族で寝ている部屋で両親が性行為を始め、中島さんはモゾモゾした音で目を覚ました。何度も続くので、ある日母親に「やめてほしい」と言うと、途中で行為を中断されたのが気に障ったようで、翌日の朝の母親の機嫌は最悪だった。当然のことながら、性行為を子どもの目に付くところで行うことは性的虐待にあたる。

家族共有のPCがきっかけで夫婦間のトラブルが勃発

アルコール依存症で暴れることが多い父親がいる一方で、母親はうつ病を患っていた。そのため、母親はうつ病の人同士が交流し合うネット上の掲示板に救いを求めていた。母親はその掲示板を家族共有のパソコンで見ていたため、ブラウザの閲覧履歴が残っており、そのことが災いを呼んだ。

ある日父親が履歴を見ると、母親が掲示板に書き込んでいたやり取りに男性ユーザー相手に恋愛感情を抱いているかのように思えるものがあり、大激怒してしまった。父親の疑念はあたっており、母親の不倫が発覚してしまったのだ。父親は母親へ掲示板の利用を禁じたが、母親はやめるわけがない。すぐに掲示板の使用を開始し、それとともに不倫も再開した。どんどん母親の洗濯物の下着が派手になっていってオシャレをして出かけることも増えていったという……。

「家族共有のパソコンが原因となってトラブルが起こったのは、母親の不倫だけではありませんでした。私がパソコンを使ったとき、履歴にキャバクラ店や風俗店のホームページがあり、父親のキャバクラ通いが判明しました」

きょうだいの中で自分だけが怒られる

父母共に問題があり、常日頃から夫婦の諍いを見せつけられていた中島さん。だが、中島さんを悩ませたのは、それだけではなかった。きょうだい間の比較や差別的扱いもあったのだ。何が起きても、いつも怒られるのは中島さんだけ。子どもの頃、妹に絵本を破られて泣いていたら、「あんたが悪い」と中島さんだけが一方的に母親に怒られたこともあった。

「きょうだいの中で一番私が顔も仕草も母親に似ているんです。それで、母親が私に『あんたを見ていると自分の嫌なところを見ているようで嫌だ』と言ってきたことがありました。きょうだいの中では兄が一番可愛がられていたと思います。兄はサッカークラブに入っていて、練習場まで往復2時間の道のりを車で送り迎えしてもらっていました。私と妹は何も習い事をさせてもらえず、兄のサッカーの練習を見るだけでした。兄が所属するサッカークラブでオーストラリア遠征がありました。

そのときも、海外にもかかわらず、なんの問題もなく兄は遠征に行かせてもらえていました。私は歌うことが好きなので、ボイストレーニングに通ってみたかったのですが、親が兄のサッカークラブにばかり力を入れていたので、親に『通わせてくれ』と言い出すことさえできませんでした」

母親のうつ病はなかなか寛解せず、リストカットやオーバードーズで自殺未遂をはかることさえ数え切れないほどあったという。中島さんが高校入試を控えた前日、母親がオーバードーズとリストカットで血まみれになって倒れたことがあった。血を流し倒れている母親に向かって、父親が「起きろ！　起きろ！」と頬を叩いている姿が印象的だったという。慌てて他のきょうだいが救急車を呼び、母親は一命を取り留めた。しかし、母親は精神科へと入院することになった。

動揺していた中島さんだったが、父親からは「お前は何も気にせず受験に行け」と叱咤され、翌日は受験に臨んだという。

「妹と私で入院中の母親を元気づけようと手紙を書いたことがありました。そうしたら、母親が病院の公衆電話から誰かに電話をかけていたんです。おそらく掲示板の仲間が電話相手だと思うんですが、『子どもたちが手紙を書いてきた。何をたくらんでいるんだろう』と話しているのを聞いてしまったんです」

病気のせいで認知が歪んでしまっていたのかもしれない。しかし、母親のことを思って手紙を書いた中島さんと妹はたいそう落ち込んだという。

両親の離婚。そして親から離れて……

「退院後も母親の不倫は続いていました。ある日、きょうだいが全員呼ばれて、家族会議になりました。そこで母親は、『子どもたちを捨ててもいいから離婚して不倫相手と再婚する』と言ったんです。私たちに愛情なんてなかったようでした」

その言葉通り、中島さんが高校2年生のときに両親が離婚し、母親は不倫相手と再婚した。中島さんは高校を卒業したら大学に行きたいと思っていたが、このような家庭事情では、経済的にも大学に進学させてもらえる余裕はないと大学をあきらめ、奨学金を使って保育士の専門学校に進学し、一人暮らしを始めた。

そして、高校卒業以降、母親には会っていない。

「保育士になろうと思ったのは、きちんとした資格なので長く働けると思ったからです。保育士になるための勉強をしていた際に、虐待について学ぶことがあり、『これってうちの家族に似ているな』となんとなく思ったんです。でも、これが心理的虐待とリンクしたのは20代後半になってからです」

現在、中島さんは保育士として働いているが、働き始めてしばらくして双極性障害を患ってしまい、今まで3回休職している。ただ、彼女は、思い返すと中学生くらいから鬱と躁を繰り返していたように思えるという。子どもの頃から頻繁に夫婦喧嘩を見ていたので、心のシャッターを自動的に閉ざすようになってしまったのだ。それでたまたま、双極性障害と診断がついたのが大人になってからだったのかもしれない。また、彼女の兄も社会人になってからうつ病を発症してしまったという。

「保育士をしていると、たまに、この子は家で虐待を受けているなと気づくことがあります。『昨日、お父さんがお姉ちゃんのことを叩いていた』とポロッと子どもがこぼすことがあるんです。そうやって子どもがＳＯＳを出しているときは、職員同士情報を共有しています」

中島さんは過酷な家庭環境で育ったため、20代の頃までは「結婚をしたら終わりだ」と思っていたという。しかし、今は一生添い遂げたいと思えるパートナーができたそうだ。

夫婦喧嘩に母親の不倫とうつ病、父親のアルコール依存症ときょうだい間の比較に精神障害の発症。生きづらさの詰まった子ども時代を送ってきた中島さんが、今のパートナーと少しでも安らげる時間を過ごせることを祈るばかりだ。

ケース7：教育虐待の子ども時代を経て、薬物依存症に

向井陽子さん（仮名・32歳・カメラマン）

向井さんは、仕事が忙しくなかなか家にいない父親と、専業主婦の母親のもとに生まれた。母親はジェンダーロールに縛られている人で、女の子ならピンク、水色、白、といった女の子らしい服装を好み、それらを向井さんに着せて、着せ替え人形のように扱っていた。

「その、女の子らしくといった概念から、幼稚園の頃から習い事もピアノと新体操を習いに行かされていました。特にピアノは将来ピアニストにしたかったようで、厳しい練習を毎日5~6時間も強いられていました。ピアノを弾くこと自体は好きで、音を聴けば曲を弾けるほどだったのですが、譜面が読めなかったんです。私は発達障害の一種の『算数障害』があって、一小節が四分の四拍子だったとすると、

その四拍子の中にいくつ音符が入るのかわからなくて……。譜面が読めなくても、耳で聴いて弾ければいいじゃんと思っていたのですが、ピアノの先生も母親も譜面が読めないといけないと言うんです。できないことをやらされるのが苦痛でした。その上、私がうまくできないと、母親はビニール紐で私の手足を縛って、口をガムテープで塞(ふさ)ぎ、押し入れの中に丸一日閉じ込めたり、夕飯抜きにされたりしていました」

転居を機に非行の道へ

そんな教育虐待と言っていい習い事地獄から解放されたのは、父親が酒酔い運転で事故を起こして逮捕されたことがきっかけだった。当時はまだ、行政からシングル家庭への補助も手薄く、経済的に習い事を続けられなくなったのだ。そして母親はフルタイムで働きだした。また、父親が飲酒運転で逮捕されたことから、その地域にいづらくなり小学3年生のとき、あまり治安の良くない地域に転校した。そこから向井さんの人生は転がり始める。

「小学5年生の頃、転校して友達のいない私に声をかけてくれたのが、やんちゃグループの子たちだったんです。それで、喫煙やガスパン遊び（ライターのガスを吸引する行為）を始めました。このグループにいる子たちは、シングル家庭や父親が服役中だったり、何かと家庭に事情がある子たちばかりでした。学校ではその子たちと一緒に学級崩壊を起こして、その年だけで先生を3人辞職に追い込んだりしていました。他にも、授業中にボール遊びをしたり、廊下を竹馬で競争したりしていました。今思うと、きちんと授業を受けたかった子たちには悪いことをしたなと思っています。でも、当時の私にとってこのやんちゃグループは、一種の自助グループのような作用をもたらしてくれていたんです」

やんちゃグループとつるむようになってから、向井さんは母親が怖くなくなった。それどころか、家に帰って母親をボコボコに殴ったこともあったという。殴っている最中、母親は「お前なんて産まなきゃよかった」と言っていたという。しかし、それ以降、母親は向井さんが何をしようと何も言わなくなったという。そのとき、暴力で人に言うことをきかせられるのだと学んだと話す。

中学に入り、向井さんはさらに非行に走り始めた。お小遣いがないので麻雀でお金を得ていた。援助交際でお金を得る方法もあったが、援助交際はルッキズムの世界で、向井さんは自分には需要がないと感じ、よりアウトローな道に進んだ。また、他の不良グループとの喧嘩も頻繁に行い、顔につけていたピアスが引きちぎれたこともあったという。

「16歳になったら法的にバイトができるので、麻雀ではなくまともなバイトをしようと面接を受けたのですが、どのバイトも落とされました。当時は髪の毛が金髪だったりピアスだらけだったり、ガッツリと和彫りの入れ墨も入っていたので……。自分としては、なんでこんな格好だとバイトに受からないの？　という気持ちでした。

それで、また麻雀でお金を得る方法を続けることにしました」

ある日、警察に補導され、そこから過去の余罪がボロボロと出てきて向井さんは児童自立支援施設に入所することになった。

「施設内で精神科の往診があるのですが、そこで私は解離性障害と診断されました。解離性障害なので、記憶がないところがあるんです。それで、施設内で『お前この間あんなこと言っただろ』と言われても覚えていないので『言ってない』と言うと嘘つき扱いされていじめが始まりました。施設内でのいじめがつらすぎて、オーバードーズをすれば、ここから抜け出せるのではないかと思って、処方薬をオーバードーズしたことがありました。そのときは緊急搬送されて、しばらく入院したのですが、退院したらまた施設に戻され、さらに処方薬が増えて、向精神薬の依存症になっていきました」

薬物依存からオーバードーズ

15歳で児童自立支援施設を出た向井さんは、再び不良グループとつるみ始めた。そのとき、いろんな病院を回って薬を得る「ドクターショッピング」を始めた。また、処方薬に飽き足らず、違法薬物にも依存するようになっていた。そして、違法薬物を使い始めたことで、仲間が「自分たちも芋づる式に捕まるのではないか」と、どんどん向井さんから距離を置き始めた。その寂しさが、さらに薬への依存を加速させ、自殺願望も強くなり始めた。

19歳のある日、持っている薬を処方薬も違法薬物も全部混ぜてオーバードーズした。一命は取り留めたが、倒れている時間が長かったため、お尻の一部に体重がかかって坐骨神経麻痺となり、歩けなくなる後遺症が残ってしまった。

「今は歩けるようになったのですが、退院当時は松葉杖か車椅子生活でした。身体障害者になってしまったので、喧嘩で勝てるわけもなく、非行グループに戻ることができませんでした。オーバードーズをしたとき、母親がＩＣＵに来てくれたことは覚えています。母親は再婚をしていて、良いマンションに住んでいました。それで、私もしばらく母親と再婚相手の家に身を寄せることになりました。表面上、母親との関係は悪くありませんでした。記憶がないのですが、母親に『絶対に自傷行為をしない』という念書を書かされました。このときは母親のことが過保護に感じました」

非行グループに戻れなかった向井さんは、歩けるようになってからバンドを始めた。非行グループからは離れたが、薬物とアルコール依存は続いているままだった。そのうちバンド関係の仲間が増えていき、先輩から「今度うちのライブを撮影してよ」とカメラマンの依頼を受けるようになった。独学で写真撮影を学び、そのうちフリーのカメラマンとして生計を立てられるようになっていった。

カメラマンとして更生、自身も母親に

「薬物をきっぱりとやめたのは、22歳で妊娠・出産してからです。酒とタバコも妊娠中と授乳中は一切やめていました。子どもに悪影響が出たらいけないと。しかも年子を授かったので、やめている期間は長かったです。そしてここ3年ほどの間、酒もやめています。きっかけは息子から『お酒を飲んでいるママが嫌だ』と言われたことです」

向井さんは現在、依存症のための専門病院に通い回復中だ。また、シングルマザーかつ、子どもが男の子2人で手がかかっている。

過去に親から虐待されたことから、子どもに対して手を上げそうにならないのかと尋ねたところ、彼女はこう言った。

「何億回もあるけど、精神科や児童相談所でプログラムを受けたり、仲の良い友人に相談しているから虐待せずにすんでいる」

子どもたちは小2と小3だが、性教育と人権教育は徹底しているという。

過酷な環境で生きてきた向井さん。虐待を受けて道を外れてしまっても、人生はやり直せるのだと説得力のあるインタビューだった。

サバイバーの皆さんの話を聞いて

以上、7人の「心理的虐待」サバイバーの方々の話を読んでみて、いかがだっただろうか？

彼らが受けた「虐待」は、いわゆる世間で言われる児童虐待のイメージ――凄惨な暴力であったり、愛情も食事も与えられないネグレクト――とは異なる。もちろん多少過剰ではあるが、人によっては「ちょっとしつけが行き過ぎただけでは」と考えたり、「学費も出してもらえていたり、恵まれているじゃないか」と思ってしまう人もいるかもしれない。

しかし、彼らの多くが子どもの頃のこれらの経験を経て、大人になってからもなお、生きづらさを抱え、なんらかの心の病に侵されていることに、改めて驚きを禁じ得ない。

第一章で触れたように、国連の児童の権利に関する条約の4原則の最後には、「子どもの意見の尊重」という言葉が掲げられている。

彼らサバイバーの皆さんの7つのケースでは、程度の差こそあれ、どれも行為の主体が親で、子どもたちは黙ってそれを受け止めるしか術がなかった。そして、身体的な加虐と異なり、外見的には大きな傷は残らないものの、人知れず心にたくさんの傷をつけられ、成長してもそれらの傷痕は癒えることなく、彼らを苦しめ続けている。

このように、子どもたちの意見を尊重せず、彼らを一人の人間として適切に養育しないこと。それこそが心理的虐待そのものなのである。

そして、この心理的虐待の問題は、決して心だけの問題だけではない。
不適切な養育である心理的虐待が、子どもたちにいかなる悪影響を及ぼすのか？
次章では、決して消えない傷を残す原因について迫ってみたい。

第3章

脳を傷つける心理的虐待

不適切な育児＝マルトリートメント

前章では、子どもの頃に心理的虐待を受けたサバイバーの人々の過去と現在について、当事者にご登場いただき、話を聞かせてもらった。

いずれのケースを見てもおわかりのように、彼らは心に深く傷を負い、その後の人生でも生きづらさを抱えていたり、うつ病などの病に侵されている。

これを、比喩的には「心に傷を負う」というのであろうが、科学的に見ると、負うのは比喩的な意味の「心の傷」だけではない。なんと「脳」が物理的に傷ついてしまうのだ。

35年近く、小児精神科医として子どもの発達に関する臨床研究を続け、児童虐待における脳神経への生物学的影響を調べてきた、福井大学子どものこころの発達研究センター教授の友田明美氏はこう語る。

「〝虐待〟と聞くと、その響きの強烈さで、事件性のあるものを思い浮かべてしまい、自分には関係ない話だと思う方もいらっしゃるかもしれません。ですから、私たちの研究では、強者である大人から、弱者である子どもへの不適切なかかわり方を〝虐待〟とは呼ばず、〝マルトリートメント（Maltreatment＝不適切な扱い）〟と呼んでいます。

このマルトリートメントには、〝虐待〟とは言い切れないくらいの言葉による脅し、威嚇や罵倒、無視をする、子どもの前で激しい夫婦喧嘩を行うなどの行為も該当します。こう聞くと、決して他人事ではないということがおわかりになると思います。そして、このような日常的にどこの家庭にも起こり得ることで、子どもたちの脳は傷つき、変形する危険性を秘めているのです」

こう聞くと、確かに取材したサバイバーの人のほとんどが大人になってうつ病などの精神疾患を発症していることにも納得がいく。

そもそも「マルトリートメント」という概念は、欧米で生まれたものだ。米国小児医学の分野では、１９６２年に養育者の虐待による多発骨折などの事例をまとめた「被虐待児症候群」が報告され、「児童虐待（Child Abuse）」として注目を集め、その後に「マルトリートメント」へと概念が拡大整理されてきた。

「心の傷」は「脳の傷」でもあった！

「一昔前では、アメリカでも幼少期のトラウマを大人になってからカウンセリングでアプローチするやり方が主流でした。『大変だったね』『しんどかったね』と共感してあげる認知行動療法は今もなされています。ただ、早い時期であれば、認知行動療法で治療することもできるかもしれませんが、何年もストレスを受け、大人になってからも何回もフラッシュバックを繰り返しているような場合は、複雑性ＰＴＳＤ（慢性的な心の外傷体験が原因となり発症する精神障害で、感情の制御が困難になったり、自己評価の低下や対人関係などの困難を引き起こす）になってしまいます。私の患者さんの中にも複雑性ＰＴＳＤの方がたくさんいらっしゃいますが、マルトリートメントを受けて複雑性ＰＴＳＤを発症した人たちの生きづらさは計り知れないんです。だからマルトリートメント被害者に接する場合は、彼らはいまだに心の傷が癒やされていないという前提でアプローチしていく必要があるんです」

しかし、「心の傷」は、どれだけ深く傷ついたとしても、目に見えることはない。友田氏は、そうしたマルトリートメントで受けた、見えない「心の傷」をどうにか可視化できないかと、２００３年にハーバード大学において、マーチン・タイチャー博士とともに研究を開始する。マルトリートメントによって、心だけでなく脳にもダメージを受けるはずだ。そして、それはおそらく感動や興奮などの情動や記憶と関連する「海馬」や、過去の体験や記憶をもとにした好き嫌いなどの判断、危険察知で反応する「扁桃体」、危険や恐怖を制御する「前頭前野」などの部位がダメージを受けるのではないかと友田氏らの研究チームは予測した。そして、１４５５人の被験者を対象にスクリーニングを行い、さまざまなタイプの虐待曝露を受けた若年成人の脳ＭＲＩ（磁気共鳴画像化装置）を使って撮影し、マルトリートメントを受けていない人の脳画像と比較検討したという。その結果わかったのは、なんとさまざまなマルトリートメントを受けることで、「脳の大事な部分に傷がつく」ということだった。

親の喧嘩を見て育つと視覚野が萎縮

例えば、性的虐待（性的加害だけでなく、風呂上がりで裸のまま子どもの前に出てくることなどもマルトリートメントである）や、両親の喧嘩やＤＶを目の前で見せられた子どもの脳は、視覚により情報を最初にキャッチする視覚野が健全な同年齢の対照群と比較して、有意に萎縮していたという。

視覚野とは、目から入り、網膜で視覚的神経情報へと処理されて送られる情報を受け取る脳の部位である。その一番最初に情報を受けるところを「一次視覚野」というのですが、画像検査の結果、一次視覚野の容積減少が目立っていたのだ。

また、目の前でＤＶを見せられることは情動反応や記憶反応する部位の健全性にも影響していたという。

「子どもに直接的な暴力が及ばなくても、子どもの脳に大きな影響を与えることがわかったのです。また、身体的なＤＶと暴言ＤＶのどちらに曝されるほうが子どもの脳に影響を与えるか検討したところ、暴言ＤＶに曝されるほうが子どもの脳により大きな影響を与えることがわかりました。身体ＤＶに限定する理解は被害を見えなくしてしまう可能性があるので、注意が必要です。

視覚野は目の前のものを見るだけでなく、映像の記憶形成にもかかわっています。この調査で、マルトリートメント経験者とそうでないグループ双方に対し、視覚による記憶力を測るテストも実施しました。すると、一次視覚野の容積が小さい人ほど、視覚による記憶力が低いこともわかりました」

そして、この「一次視覚野の容積減少」の理由を推測するには、実に悲しい推論が成り立つのだ。実は、一次視覚野においては、視覚に伴う感情処理も行われている。そのため、嫌な記憶やつらい記憶を思い出すと神経が活性化してしまうのだ。そのため、苦痛やつらい記憶を繰り返し呼び起こさないために、減少したのではないかというのだ。

今回、筆者が取材したサバイバーの中には母親から父親についての愚痴を聞かされていた人がいたが、あした行為もマルトリートメントであり、脳に影響してしまうのだ。

「子どもにとっては大人になった頃に、両親のどちらかが、もう片方の

子ども時代にDVを見聞きしたことによる脳への影響

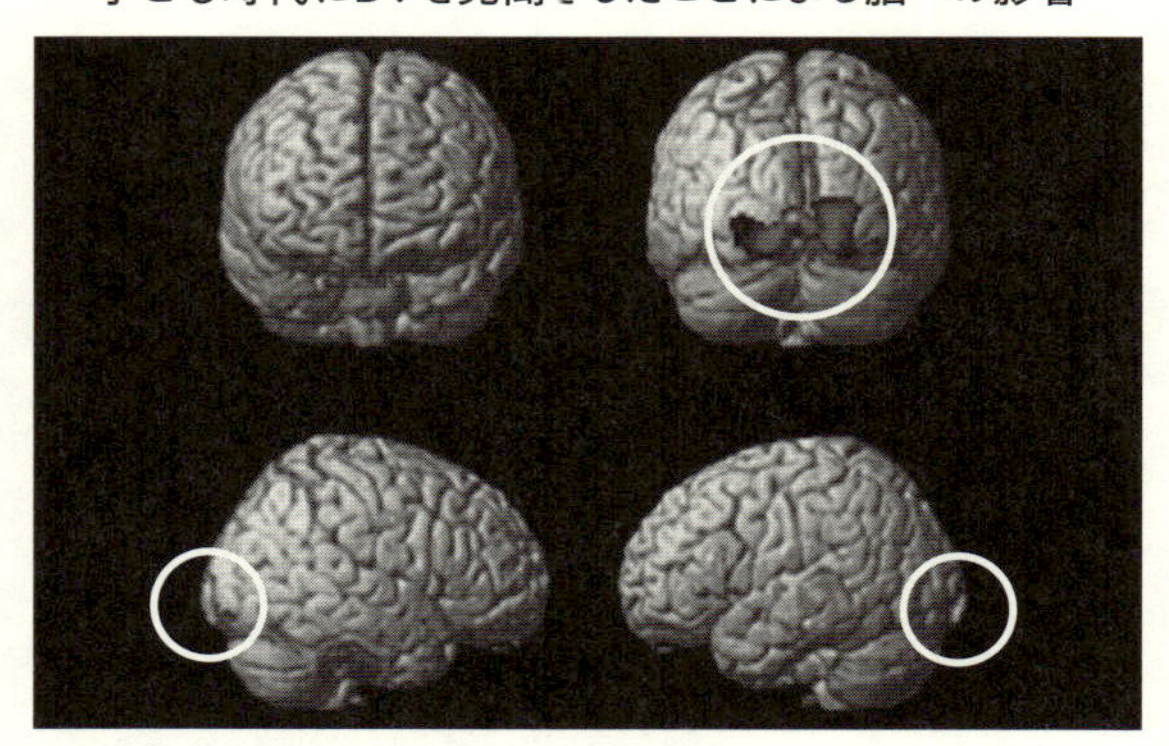

視覚野（図版中変色している箇所）の容積が減少
Tomoda A, Polcari A, Andersen CM, Teicher MH.（2012）Reduced visual cortex gray matter volume and thickness in young adults who witnessed domestic violence during childhood. PLoS One, 7（12）:e52528.

悪口を言いまくったとずっと残ります。子どもにとってはどちらもかけがえのない親です。そして、怒鳴ったりなじったりするだけではなく、他人を誹謗中傷するような言葉を聞かせたりするのもマルトリートメントです」

親から暴言を受けて育つと聴覚野に影響

また、子どもに対し直接暴言を言うマルトリートメントである暴言虐待は、言語やコミュニケーションに関する領域である聴覚野を変形させていた。

「ここでいう暴言とは、『お前は生まれてこなければよかった』や『死んだほうがマシだ』などといった存在を否定するような言葉から、大声を上げたりヒステリックに怒鳴ること、『言うこと聞かないとぶつよ』などのような、実際に行為をするかにかかわらず危害を加えることをほのめかす脅し、あるいは『お前は本当にダメだね』などというような過小評価の言葉です。これらの言葉は、どれをとっても親から子どもに浴びせる言葉ではありません」

実際に、これらの暴言によって、左半球聴覚野の一部である「上側頭回灰白質」が平均より14・1％も肥大していたのである。

聴覚野は、言語にかかわる領域であり、他人の言葉を理解したり会話やコミュニケーションに深くかかわる部位だ。この部位に異常をきたしていたのである。

子ども時代に受けた言葉の暴力による脳への影響

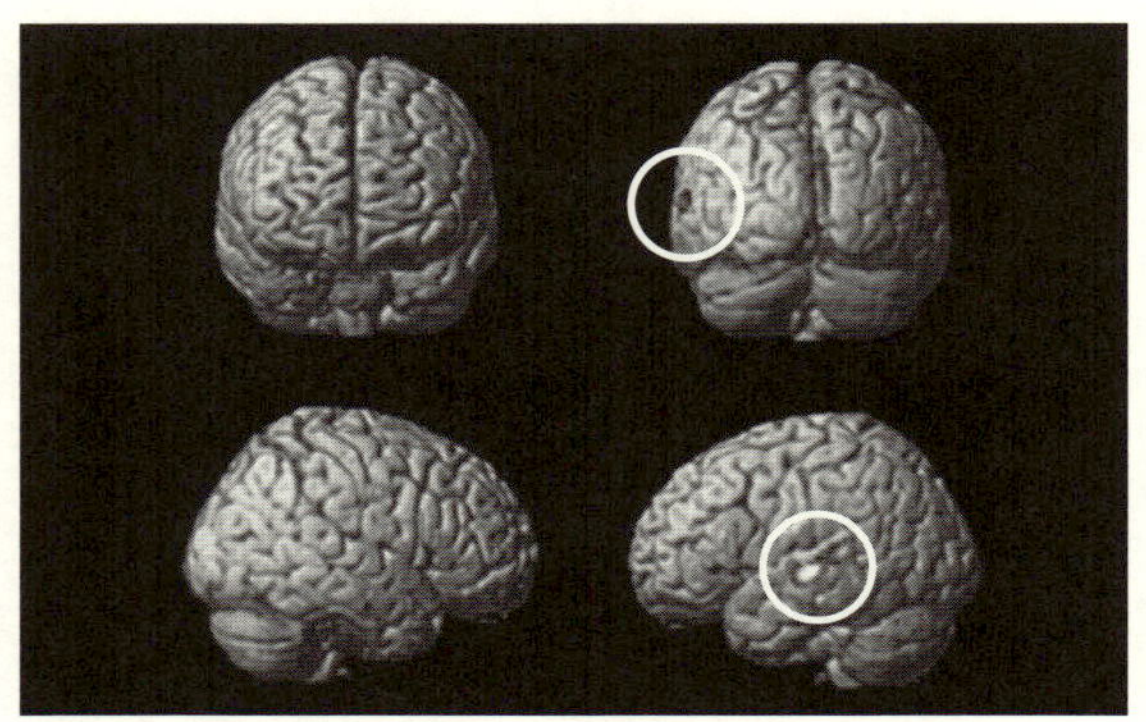

上側頭回灰白質を含めた聴覚野の容積が増加し、発達に異常
Tomoda A, Sheu Y-S, Rabi K, Suzuki H, Navalta CP, Polcari A, Teicher MH. (2011) Exposure to parental verbal abuse is associated with increased gray matter volume in superior temporal gyrus. Neuroimage, 54 Suppl 1: 260-8.

萎縮しているのも問題だが、肥大もまた別の問題を生じさせる。というのも、乳児期にはシナプスの数が爆発的に増えるが、あるレベルを超えると脳の中で余分なシナプスを刈り込み、神経伝達を効率化する剪定のようなことが行われるのだという。

「本来行われるはずだった剪定が行われずに、シナプスが荒れた雑木林のようになってしまうのです。うっそうと茂った木々の中では、神経伝達が効率よく行われず、結果として、言葉の理解力の低下や、小さな音や他人の会話が聞こえにくいなど、聴力には問題ないはずなのに心因性難聴などの症状に繋がってしまうのです」

「体罰」は前頭前野を萎縮させる

心理的虐待とは話が変わってしまうが、厳格な体罰もまた、脳を変形させてしまう。感情や思考、犯罪抑制力にかかわる前頭前野を萎縮させてしまうのだ。

「前頭前野は気分や感情、行動のコントロールにかかわる脳部位です。ここが萎縮すると、衝動性が高く、キレやすくなってしまうことや、喜びや達成感を味わう機能が低下するせいで、アルコールや薬物に依存しやすくなってしまうこともあります。体罰は子どもに望ましい影響は一切なく、むしろ望ましくない影響が多くあります。科学的な根拠を踏まえて、体罰は子どもの心と脳の発達に良くないことであると認識することが大事です」

しつけのつもりの体罰が、将来の依存症に繋がってしまう危険性を持つことだということは、もっと広く知られるべきだろう。

子ども時代の強い体罰による脳への影響

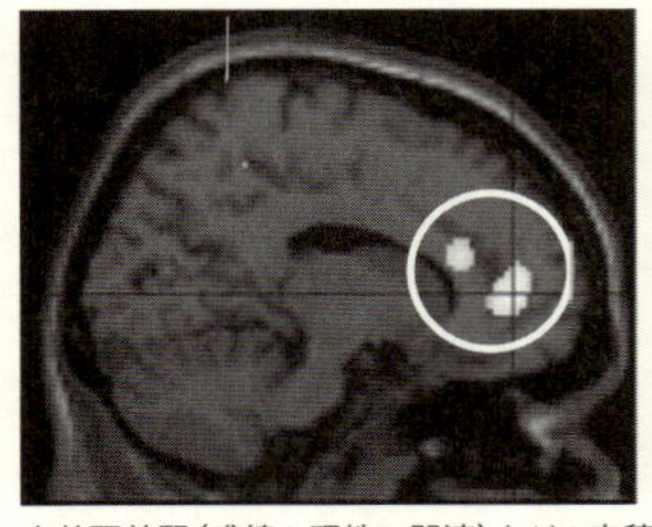

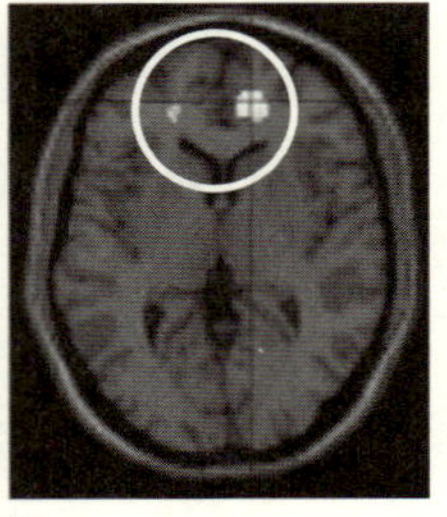

右前頭前野（感情や理性に関連）などの容積の減少

Tomoda, A., Suzuki, H., Rabi, K., Sheu, Y.S., Polcari, A., and Teicher, M.H.(2009) Reduced prefrontal cortical gray matter volume in young adults exposed to harsh corporal punishment. Neuroimage 47 Suppl 2, T66-71.

生きづらさという後遺症

　また、子どもの頃に褒められた経験が少なかった人は、愛着アタッチメント障害を発症し、自己肯定感を司る機能がうまく働かず、抑うつ状態や自傷行為を繰り返すようになってしまうこともあるという。

「こうした症状は必ずしもストレスを受けている子ども時代から出るわけではありません。成長し、大人になってから出現する場合もあります。就職したり、結婚して家庭を持ったときに発症した場合、仕事や家庭生活にも影響してしまうんです。マルトリートメントは、死に至ったり、肉体的な外傷を残すような暴力でなくとも、深刻な影響を子どもに残し、過酷な人生を背負わせることになるのです」

　筆者が取材した7人のサバイバーが、今もなお抱えている生きづらさは、こうした傷が要因となっていることは想像に難くない。

ただ、脳が萎縮したり変形したとしても、時間がかかることだが回復することは可能だと友田氏は語る。

適切な治療と支援で脳は回復できる

「脳が萎縮したり変形したりしてもそれで終わりというわけではありません。脳に傷ができたとしても、神経細胞は死んでいませんので、ちゃんと機能が復活するということはよくあるんです。特に、早い段階で適切な支援や心の治療を受け、さらなるマルトリートメントを防ぐことによって回復します。実際に、幼い頃に親からのマルトリートメントで愛着障害を抱えてしまった12歳の児童とその親に対し、適切な心理療法や支援を行った結果、問題行動の減少や愛着障害に特徴的な脳内伝達物質の働きに影響している脳部位の回復が認められたこともあります。

心のリハビリとトラウマ治療だけでなく、当事者が安心して自分の過去を話せるような相手を見つけてくれる治療者や支援者、あと家族ですね。そういった重要なアタッチメントの形成ができるような方の存在があると回復は早まります。要は草木が枯れかかったとき、水や肥料をやると元気になりますよね。根っこが腐っているわけではないんです。確かに心に傷を負っている、生きづらさやいろんな問題行動、多彩な症状、場合によっては社会に牙をむいたりします。そのため時間がかかる作業かもしれませんが、そういったトラウマに向き合って耕すアプローチというのは絶対に不可欠でやらないといけません」

社会で「子育て困難」を解決することも重要

また、マルトリートメントの影響を過剰に恐れ、育児に対し自信を失うこともよくない。マルトリートメントの背景には、子育ての困難さが根本的な原因としてある。そうした現実に対し、養育者を支援することも必要不可欠だという。

「情けない話ですが、自分の子育て経験も著書に恥を忍んで書きました。自分自身の余裕がなくて子どもを怒鳴りつけたこともありました。今は少子高齢化で核家族化が進んでいます。その一方で、完璧な子育てをしないといけないという神話がまかり通っているので、現代の日本で子を持つ親御さんは大変だと思います。人間は完璧ではないので、しんどいときはしんどいと他者に相談してください。昔は近所に祖父母がいて子育てを手伝ってくれたわけですけど、核家族化で困難になりましたし、コロナ禍もあり、いっそう困難な状況が加速しました。身近な親族に頼れない場合は、子育て支援の場は民間や自治体、津々浦々あるので、そういうところに相談してください。

親だって間違えることがあります。ご自身の親の育児法を引き継ぐ必要はありません。昭和では体罰は普通でしたが今はもうなくなっています。親がいっぱいいっぱいのときはご自身を責めるのではなく第三者に相談してほしいです」

最後にマルトリートメントをしてしまいそうな人へのアドバイスを聞いた。

「まず、きょうだい比較はやめたほうがいいです。子どもの自尊心が低下してしまいます。認めてあげる、褒めてあげる作業は当然大事です。教育の中のマルトリートメントを繰り返す親御さんは『テストで90点取ったよ』と子どもに言われても『頑張ったね』ではなく『なんで１００点が取れなかったんだ』と言いがちです。その子の存在価値をどういうふうに見てあげるか。期待をかけすぎたり子どもの進路を勝手に決めたりしてしまうのはとんでもないことです。幼少期にちゃんとスキンシップを取ったり、スマホを見ながら子どもと会話をしないとか、そういう細かいところが大切になってきます」

第4章

心理的虐待をしないために

子育てで避けるべき「二つの否定」

子どもの心を傷つけるだけでなく、その脳を変形させ、大人になってからの生きづらさの要因となる「心理的虐待」。子を持つ親として悩ましいのは、自分がしつけのつもりや子どもを叱るつもりで発する言葉が、時として子どもの心に傷を残しかねないところだ。

公認心理師であり、オンライン育児相談室「ポジカフェ」を運営する佐藤めぐみ氏は、子育てですべきではない「二つの否定」があると指摘する。

「子どもと話すときには次の二つの『否定』には気をつけないといけません。一つは『全否定の言葉』、そしてもう一つは『部分否定で条件的な愛情をちらつかせる言葉』です。前者がダメなのはわかりやすい一方で、後者の否定は親が自覚なく使っていることが多いため、気づかぬうちに『いい子でいなくちゃ』という思いを子どもに生じさせてしまうことがあります。これは大人になってからの生きづらさに繋がりやすく、注意が必要です」

避けるべき「二つの否定」

「全否定」

子どもの自尊心を
著しく傷つけてしまう

『悪い子だ』『ダメな子だ』『弱虫だ』
『産まなければよかった』『こんな子いらない』
『うちの子じゃない』など

※いけないこと（行為）がダメなのであり、
その子ども自体が悪いわけじゃない

「条件付き否定」

条件付きの愛情を
突きつけることになってしまう

『言うこと聞かない子は嫌いだよ』

※「いい子」であることに縛られて、
大人になってから
生きづらさを抱えやすくなってしまう

子どもに伝わる言い方、伝わらない言い方

心理的虐待が危惧される昨今、子どもの心を傷つけまいと「叱らない子育て」が話題になったりと、子どものしつけに悩む親は増えている。果たして、子どもの心を傷つけない叱り方はあるのだろうか？

「そもそもしつけとは、社会でその子が困らないような立ち振る舞いができるように親が導いていく形のものです。小さいうちは歯磨きやお着替えなどの生活習慣を、次に挨拶や礼儀作法、集団行動で相手を尊重しながら社会で生きていくノウハウを伝えていくものです。だから、しつけ＝叱るではないんです。これらのことは行動主が子ども自身なので、本人のモチベーションを下げるようなアプローチは逆効果になります。だからと言って、子ども任せにしていたら、イヤイヤ期以降抑えが効かなくなります。叱ること自体が問題なのではなく、叱り方が問題なのです。感情的に声を荒らげるのではなく、効果的な伝え方が大切です」

子どもに効果のない言葉、効果的な言葉

曖昧な表現

「さっさとしなさい」「ちゃんと手を洗いなさい」
→曖昧な表現では子どもはわからない!

↓

「時計の針が8になったら出かけるからね」
「手を石鹸で10回ゴシゴシしようか」
→具体的な言葉で伝えるようにする

有言不実行

「片付けないとおもちゃ全部捨てるよ」
「宿題が終わらないと、お出かけには連れていかないよ」
→大げさに言って脅しても、実行できないなら逆効果

↓

「片付けられなかったものは明日まで預かるからね」
「宿題が終わってから、お出かけしよう」
→親が子どもを傷つけず実行できることを提示する

問い詰め系

「どうしてお片付けできないの?」
→子どもにこう問いかけても答えられるわけがない

↓

「一緒にこの箱にブロックを入れていこう」
→子どもにどうしてほしいのかをちゃんと伝え、
親も最初は一緒に作業する

飛躍系

「もううちの子じゃないからね」
「どこかに行っちゃいなさい」
→感情的で極端な言葉に要注意

↓

感情的になると叱り言葉の飛躍が起こりやすいので、
自らのアンガーマネジメントを意識する

脅し系

「早く寝ないとおばけが出るよ」
→子どもの不安感を煽るのはNG

↓

「明かりを消すよ、もう寝る時間」

小さいステップを褒める

子どもが同じ行動をしていても、怒る親とそうでない親がいる。それは親の受け取り方の問題だ。否定や減点方式で子どもの行動を評価しないことが大切だ。

「例えば子どもがおもちゃを散らかしていたとして、それを片付けさせたいと思ったとします。『一緒にこの箱に入れようね』と言ったとしても、子どものことですからなかなか進まず、5あるおもちゃの2しか片付けられてなかったとき、親が『2は片付けられた』と受け取るか『まだ3も残ってる』と受け取るかで、親の感情も違ってきます。親の感情を抑え、子どものモチベーションを上げる策として、すでにできているところを拾おうとする視点は大切です。同様に、否定されたり命令されるよりは肯定形のほうが人は受け取りやすいので、『○○しないの!』と叱るより、『○○しよう』といざない、それをクリアできたら、そこでも褒めてあげましょう。子どもに達成可能な小さな目標を与えて、小さいステップを褒めていくことが大事です」

上手な言い聞かせ方

小さなステップを褒める

5個散らばっていたおもちゃの2つを片付けた

NG

「まだ3個も残ってる!
早くしなさい!」

「2つ片付けられた!
えらいね。その調子!」

否定形で入らない

電車内で靴を脱がずに座席に上がってしまった

NG

「靴のまま上がらないの!」

OK

「靴を脱いで上がるよ」

命令形で入らない

公園で遊びをやめず帰ろうとしない

NG

（いきなり）
「もう家に変えるから
やめなさい」

「最後に一つ、
○○か××の好きなほうを
やって帰ろう」

全肯定があってこそ、褒めが活きてくる

叱ったり言い聞かせたりするのが難しいのは想像に難くない。また、小さなステップで褒めるという褒め方も重要だ。

しかし、それ以上に重要なのは「褒める」行為の大前提にあるという。その大前提がないままに「褒める」行為をしようとすると、陥りがちなケースがあるのだという。

「P104で例を挙げた条件付き否定のように、『○○する子は嫌いだな』というケースと表裏一体なのですが、何かを達成すると親が褒めてくれる、愛情を注いでくれるという場合も、気質的に従順なお子さんの場合、親が求める基準が自分の内的基準だと錯覚し、必要以上に親の求める『いい子』であろうとするようになってしまいます。結果、成長してから、自分の意見を持ったり、自分で決断することが難しくなったりしてしまいます。大人のカウンセリングをするとよくお見かけする

のですが、ずっと『いい子』で育ってきた方に、大人になってからこうしたことで生きづらさや悩みを抱えている人が多いです。点数や順位などは『良し悪し』が見てわかりやすいこともあり、親がそういう数字的な成果や結果にこだわり過ぎると、子どもが自分の価値と重ねてしまう傾向があります。『100点だから自分はすごい』『50点だから価値がない』というように。たしかに成果は親としてとても気になりますが、その子の存在を全肯定する気持ちはそれ以上に大切です。高すぎる期待や理想が時に心理的虐待や生きづらさに繋がることもあるので、褒める際には『その子の出来＝その子の価値』という間違った解釈が生じないよう気をつけてください。丸ごと受け入れているという前提があってこそ、褒めが活きてきます」

「◯◯ができたから褒める＝愛情を注ぐ」のではなく、大前提として子どもの存在自体を全肯定する気持ちでいること。その上で、成果を挙げたお子さんの中身を褒めてあげるようにするのが大切なのだ。

厳しい抑えつけは反発を招くだけ

「言うことを聞かずに遊び続けていたからゲームやスマホを没収して捨てた」自主性は尊重したいが、やはり最低限ルールは必要だと思う方も多いだろう。厳しい抑えつけや曖昧なルールは、子どもの反発を招くことになる。

仮にゲーム1時間ルールがあっても、ゲームをやらせておけば大人しいからと親の都合でルールがコロコロ変わってしまっては子どもに伝わりにくいため次第に守らなくなります。一方、ルールを破ったから即ゲーム没収&廃棄も、極端過ぎて反発を招くだけです。最適なのは、親も子もそこそこ納得が行くところに家族内ルールを設定する『親子win-winタイプ』です」。守れなかった場合にどうするかもあらかじめルール化しておくことで、子ども自身の反省や学習が促されます。厳しすぎる『抑えつけタイプ』はもちろんのこと、ルールが一貫していない『あいまいタイプ』も時の経過とともに心理的虐待に繋がりやすいので注意が必要です

家庭内ルール3形態の違い

親子win-win タイプ

「決めた時間を守らなかったら翌日はゲームができない」というような、お互いが許容できる線にルールを設定すると、3日目は再びゲームできる。もしそこでも子どもが守らないと、その翌日は再びゲームができない。こうすることで繰り返し「ルールを守らないことで生じる不利益」も学習できる。

あいまい タイプ

「ゲームさえさせておけば大人しいから」などの大人都合の理由でルールを守らないときがあったり、日によって言うことが違うと子どもは反感を抱くし、ルールを守らなくなる。子どもがルールを守らないと、親は抑えつけタイプに行きやすくなってしまう。

抑えつけ タイプ

ゲームを捨てたり極端な縛り付けは、子どもの反感を大きくするだけで、後により大きな問題に繋がる。

家族の決まりを作るなら、親は一貫性を持て

家庭内ルールを設定する際には、注意するポイントがある。

「どっぷりと動画視聴やゲームにハマってしまうと、そこから時間制限をするのはとても難しいものです。ルールは作るのは簡単ですが、守るのは難しいからです。そのため、タブレットやゲーム機を所有したときに、子どもと話し合ったうえで、双方が許容できて、守ることができそうな『win-winタイプ』のルールを設定することをおすすめします。

また、親のその日の気分や都合で、「『今日は1時間を過ぎてもいい』などと、コロコロ変えてしまうと、子どもがルールを学ぶ機会を逸してしまいます。そのため、一度決めたのであれば、親もまたルールをしっかり守ること。そして、お父さんとお母さんでルールの解釈が異なったり、どちらかは甘いとなったりするのも望ましくありません。親も一貫性を持ってルールに接することが必要です」

家庭内ルール、大事な3か条

1

親子双方が許容できる設定と守れなかった場合のルールも決める

2

親も自分たちの都合で、時に厳しかったり甘かったりせず、一貫性を持つ

3

父親と母親、双方がルールに対して態度を変えないように統一する

心理的虐待を防ぐ夫婦関係作り

取材してきたサバイバーの中には夫婦喧嘩を小さい頃から目の当たりにしている人もいた。このような場合、やはり大人が意識すべきだと佐藤氏は語る。

「ＤＶまで行かずとも、夫婦は別の人間なのでどうしてもぶつかることがあります。ただ、そうなってしまった場合も、お互いが子どもへの被害を最低限にする意識を持っているようにしたいところです。

夫婦喧嘩になるときは、どんなに努力しようにもやはり喧嘩になってしまうものです。それは仕方がない。ただ、そういう場合に、『あとで話そう』とか、どちらかがさりげなくその場を去ってコンビニに行くとか、物理的な距離を作って、直接的な口論を見せないようにするといったことは、夫婦間で見解を合わせて、できることかなと思います。実際、私がカウンセリングしている方の中にもそこを徹底されている方は多いです」

面前DVを防ぐための第一歩

夫婦喧嘩勃発の危機

第1フェーズ

まずは子どもに見せないようにする

どちらかが一旦その場を外す。
「あとで話そう」と時間を置く

「見せないこと」がベスト

第2フェーズ

できるだけスマートに喧嘩をする

暴力や怒鳴る、暴言などは発さず、
論理的に話し合うようにする

**話し合いで解決する姿を
見せるのであれば
子どもの教育にもなる**

子どもの前で配偶者の悪口を言わない

子どもの前で配偶者の愚痴を言ってしまう場合は、親のほうにケアが必要だ。

「仮に配偶者が何か裏切りをした結果であっても、子どもの前で悪口や愚痴を言ってはいけません。なぜかというと、その子にとっては親だからです。否定されると自分自身の半分を否定されたような感覚に陥りかねません。あとはその子の将来の男性像・女性像に影響を及ぼしかねないんです。例えばお父さんが不倫したから男の人は全員不倫するものだ、男の人は信頼を置けないというようになると元も子もありません。お互い鬱憤があったとしても子どもにぶつけてはいけません」

子どもは親が思っている以上に大人を見て考えている。子どもが傷ついたまま大人になり生きづらさを抱えないようにするには親も常に意識して、親側のケアも必要となってくるのである。

きょうだいのどちらかを差別してしまうとき

「きょうだい間で扱いに差が出てしまう場合、なぜそう思ってしまうのか、どんなことが関係しているのだろうかと掘り下げて考えてみましょう。どちらかは言うことを聞くのに、もう一人は聞かないからか。あるいは、子どもが自分に似ていて、自分が幼少期につらい思いをしたので同じように扱ってしまうのか。こうした根本的な原因に向き合いましょう。ただ、掘り下げるのは、親が自責感に駆られてしまう可能性もあります。そうならないためには、『誰かに相談する』ことも助けになります。きょうだい差別を人に打ち明けるのは勇気がいることですが、自分で掘り下げて気づく改善策、解決策を一緒に導き出せるので、虐待に及ぶことを避けられます」

自分を見つめ直し、誰かに相談することで、心に傷を負わせてしまうようなことを避けられる可能性があるのだ。

子どもに強く当たらない仕組みを作る

「言い換え」を考えるのもいいが、それだけでは抜本的な解決にはならない。では、抜本的な解決はどうすればいいのか？

「確かに、心理的虐待は、そのとき子どもに言った〝言葉〟が注目されがちです。ただ、親もまた、言いたくて言っているわけではなく、こぼれてしまった言葉であることも考えられます。ですから、大前提として、その言葉が出た要因を探り、その要因に沿った対策を取りましょう。

ただ、要因を探る作業は、きょうだい間差別のときにも言いましたが、親にとって落ち込むことが多いのです。『どうせ私が悪い』『自分がダメだからだ』と、親側も自責や罪悪感に繋がりやすいので注意が必要です。あくまで要因探りは、子どもに幸せになってもらうための対策を導き出すためにしているのだ、と目的を持ってすることがポイントになるかと思います」

つい強い言葉を吐いてしまう原因と対策を考える

原因	子どもが言うことを聞かない
対策	家庭内の仕組み作り
原因	子どもへの期待値が高すぎる
対策	年齢に応じた視点を知る（発達の知識など）
原因	自分（親）が感情的になりやすく沸点が低い
対策	アンガーマネジメント（怒りをコントロールする技術）
原因	自分の子ども時代と比較「私はそうではなかった」
対策	親側の心のケア
原因	自分との比較〜似ていない
対策	親側の心のケア
原因	自分との比較〜似ている
対策	親側の心のケア
原因	自分（親）たちが忙しすぎる
対策	親が夫婦間で家事分担、時短勤務
原因	自分（親）の睡眠不足、体の疲れ
対策	睡眠不足や疲労の原因を解消
原因	子どもを他の不満の吐き出し口にしている（仕事、夫婦間、自分自身、両親など）
対策	不満の根本的原因の改善

第5章

発達障害と心理的虐待

発達障害と心理的虐待の関係性

筆者は今まで発達障害に関する著書を4冊刊行してきた。そして、筆者自身も発達障害を抱えている。

発達障害の診断基準は二つある。一つはアメリカ精神医学会が出している精神障害の診断と統計マニュアルである『DSM-5』、もう一つはWHOが定めている総合医学全般の国際基準『ICD-10』だ。この二つを照らし合わせながら、医師は発達障害の診断を下すわけであるが、これらは定期的に改定される。ただ、双方で改定の時期が異なり、以前の『DSM-4』だと、自閉スペクトラム症はアスペルガー症候群や広汎性発達障害と記載されていたのが、5版では削除されて自閉スペクトラム症となっている。2022年1月には、『ICD-10』が『11版』に改定され、発達障害の名称が「神経発達症」となっている。ただ、この名称はまだ根づいていないので、本書内では発達障害という名称を使うことにする。

発達障害は主にＡＤＨＤ（注意欠如・多動性障害）、ＡＳＤ（自閉スペクトラム症）、ＳＬＤ（学習障害）の３種類に分類される。

それぞれの特性は以下の通りだ。

・ＡＤＨＤ：衝動的な言動や不注意が目立ったり、先送り癖がある
・ＡＳＤ：独特なマイルールがあったりコミュニケーションに問題が生じる
・ＳＬＤ：知的な遅れはないものの、簡単な計算や読み書きに困難が生じる

思いついたことを口に出してしまうＡＤＨＤ

ＡＤＨＤは、そのときに思いついた言動をしてしまうのが特徴だ。

例えば、会議中に何かアイデアを思いついたとしても、健常者であれば会議の議題と違う話であれば口に出したりはしない。ところが、ＡＤＨＤだと口に出さずにいられないのだ。当然、会議で話されている内容と全く違う話をしてしまうので、そのアイデアがどんなにすばらしいものだったとしても「この人は何をトンチンカンなことを言っているのだ?」と思われてしまう。

また、不注意が多いためケアレスミスが発生することから、「仕事ができない人」と認定されてしまうこともある。過去に筆者が取材した人の中には、資料の一部を修正したら、次のページの同じ部分も修正しないといけないのに、それに気づけないという人がいた。「先送り癖」については、書類や公共料金の支払いの納期を守れなかったり、徹夜をしてギリギリに提出したりすることだ。

どれも生きていくうえで決定的な障害にはならないが、生きづらさに繋がる要素だ。

言外の意図を汲み取ることがしにくいASD

ＡＳＤは、非常に論理的な思考をする人が多い。それ故、論理的思考を必要とする職種、特に職場のシステム全体が論理優先なことが多い外資系企業には合っている場合もある。

しかし、情緒的な関係性が優先されることも多い日本企業においては、デメリットになる。例えば、日本特有の「察する」能力が低いので、コミュニケーションを取る上で問題が起こってしまうのだ。

以前取材した当事者の方が、あるとき、上司から「僕、この時間に会議が入っているよ」と言われたことがある。上司が言う「この時間」とは、彼女が普段ランチ休憩を取る時間帯を指していた。その上司の言葉を、彼女はただの報告として受け取ったが、後から同僚に「あれはこの時間に会議が入っているからランチの時間を交代してほしいという意味だよ」と言われ、ようやく気づいたという。

このように、発言を字面通りに受け取ってしまい、言外のニュアンスを汲むことが難しいのが特徴だ。ただ、ＡＳＤ当事者の中には、何かを徹底的に調べ上げる特性の人もおり、そのような当事者の中には研究職で活躍している人もいる。

計算や文章読解が苦手なＳＬＤ

ＳＬＤは簡単な計算ができない、九九を覚えられない、漢字を覚えられない、文章を読む際に滲んで見えて読めない、漢字とひらがな・カタカナが混ざった文章だと読めない、質問文になると理解できなくなる、といった特徴がある。筆者は算数ＬＤのみだが、文章関連に関する障害はディスレクシアと呼ばれている。

これらの障害は学校の授業についていけなくなるため、「勉強ができない子」としてレッテルを貼られて自己肯定感が下がり、さらに学校から足が遠のいてより勉強から遅れてしまうという悪循環に陥ることもある。

とはいえ最近では、合理的配慮としてタブレットの持ち込みを許可してタブレットを使って板書の写真を取るなどしている学校も一部ある。

複雑に入り組んで存在する発達障害

この3つの特性は、一つだけ当てはまっている人もいれば、複数の特性に当てはまっている人もおり、特性の出方はグラデーション状で十人十色である。

筆者の場合、不注意の多いＡＤＨＤと、繰り上がりと繰り下がりのある暗算や％の計算ができない算数ＬＤが当てはまっており、ＡＤＨＤでは仕事でケアレスミスが目立ったり、優先順位がつけられなかったりするので家事が苦手である。算数ＬＤのほうは、計算が即座にできないため、買い物の際に割り引きの商品があっても、いくらになるのか計算ができないといった仕事や生活を送る上で支障をきたしている。

発達障害は生まれ持った脳の機能障害であり、後天的に発症することはない（激しいＤＶやいじめなどから似たような症状が出る場合があるが、それは稀なケースである）。発達障害の人が増えていると報道されがちな昨今だが、それは発達障害の認知が進んだことで大人になるまで見過ごされていただけである。

周囲の理解・協力で問題回避可能なことも

さまざまな弊害が起こる発達障害であるが、ちょっとしたライフハックや周囲の理解・協力で問題を防ぐことは可能だ。

例えば、ＡＤＨＤのケアレスミスに関しては、上司にダブルチェックをお願いしてもらう。ＡＳＤのコミュニケーション不全に関しては、なるべく抽象的な表現を避けて具体的に指示してもらう。ＳＬＤは、先程も述べた通り、タブレットを使用するなどである。

　筆者の場合、ケアレスミスに関しては、ノートパソコンだと文字が小さくてミスに気づきにくいので、27インチもある大きな液晶に繋いで原稿を書いている。算数ＬＤに関しては税理士に依頼して確定申告をしたり、生活の上での計算の困り事は夫にお願いしている。

発達障害と心理的虐待

　さて、発達障害と心理的虐待の関係性であるが、今回取材したサバイバーの中には2名、発達障害の方がいた。

　発達障害においてもっとも深刻なのは、うつ病や適応障害、双極性障害といった二次障害である。

　できないことで親や上司に怒られるストレスから、これらの二次障害を発症し、休職や転職を繰り返している当事者が多い。今まで取材した発達障害当事者の中では約9割の人が何らかの二次障害を発症していた。筆者自身も二次障害で双極性障害Ⅱ型と睡眠障害を発症しているため、通院・服薬をしている。

今回、心理的虐待について取材をしていて、筆者なりに考察した心理的虐待と発達障害の関係性であるが、発達障害の特性でできないことがあるため、親が子どもに対して暴言を吐いたり手を上げてしまったりするのではないかという考えに至った。

実際、サバイバーの一人であるケース7（74ページ）に登場していただいた向井さんは、算数LDで、ピアノの譜面が読めないことから折檻を受けている。

筆者自身も算数LDであることはすでに述べたとおりだが、子どもの頃は学校の算数の成績が著しく悪かったため、父親に怒鳴られながら計算ドリルをやらされた。少しでもドリルから目を離すと、「今、時計を見ただろう！　早く終わらないかと思っているだろう！」と怒鳴られた記憶がまざまざと蘇ってくる。

発達障害由来のミスで心理的虐待を生じ、脳に悪影響が

心理的虐待を受けると脳が萎縮することは第3章の友田氏の研究からも明らかになったことだ。そして、発達障害も、その原因は脳の前頭葉の機能に問題があるとされている。

どちらも脳が関係しているのだ。

発達障害当事者を取材したときにも、親との関係が悪い人にたくさん出会った。発達障害と心理的虐待。発達障害の認知が高まってきた今、発達障害の子どもを持つ親は、「脳の特性でできないこと」にきちんと向き合い、怒鳴ったり手を上げたりしないであげてほしい。

そして、自治体によっては、無料で療育（発達障害など障害やその可能性がある子どもに対し、その子どもにあったアプローチで発達を促し、社会生活で過ごしやすくなるための支援を行うこと）を受けられる施設もある。

親だけ、家族だけで抱え込んでしまう前に、そうしたサポートを積極的に検討し、心理的虐待の被害、そしてそこから引き起こされる二次障害を防いでもらいたい。

子どもたちの心と脳を守るのは、なによりも知識と理解なのだから。

おわりに

今回この本を執筆しようと思ったきっかけは、先にも述べたように、非常にプライベートな出来事からであった。

取材を通じ、初めて心理的虐待に関する書籍や論文を読み、心理的虐待サバイバーの当事者たちに取材をすると、いかに「心理的虐待」というものが、つらい体験であるかを痛感し、それが大人になっても精神疾患という形で表れているという現実に打ちのめされた気分になった。

筆者が教育虐待を受けた傷なんて、ほんの擦り傷に過ぎないことを思い知らされることになった。また、筆者は今まで発達障害に関する記事や書籍を執筆してきたが、サバイバーの中には発達障害当事者も数名おり、その特性から親に心理的虐待をされてきた当事者も筆者を含めて見受けられた。

この本では、専門家の見解として公認心理師の佐藤めぐみ氏や脳科学者の友田明美氏にインタビューを行った。お二人とも、子どもへの影響も憂慮されつつ、なによりそうしてしまった親へのケアが必要であると訴えておられたのも印象的だった。

行政はどんな取り組みをしているのだろうかと、心理的虐待の防止に力を入れていそうな、いくつかの行政に取材依頼をした。残念ながら、どの行政からも取材をお断りされてしまったが、行政もまだ十分とは言わないまでも、心理的虐待を含む「児童虐待」について、被害児童のみならず、我が子に虐待を加えてしまった、あるいは加えてしまいそうな不安を抱えている親の支援のために、多かれ少なかれ門戸を開放している。もし、あなたが、自分の子どもへの接し方や言葉遣いに悩んでいるようなことがあるならば、そうした行政の窓口に相談してみてもいいかもしれない。

心理的虐待は、残虐な暴力を伴う身体的虐待や、餓死させてしまったりするようなネグレクトなど、センセーショナルな虐待とは異なる。あまりにも身近であるがゆえに、ともすれば、誰もが気づかずに子どもの心を傷つけてしまいそうな危うさを孕んでいる。

だからこそ、心理的虐待を防ぐには、親が意識する必要がある。

友田氏も指摘していたが、核家族化が進んだことも心理的虐待が増加している要因の一つだろう。

身近に相談できる人がいないのだ。

親も孤立した結果、心理的虐待を行っている。だとすれば、こうした心理的虐待問題の解消には、孤独な育児を社会がサポートし、親の孤立感を解消することが必要なのではないだろうか。

最近では、ママ友も子どもが成長すると付き合いがなくなると聞いたことがある。

筆者自身には子どもはいないが、子どもがいる友人と会うと、「子どもが発達障害だと診断された」「子どもが言うことを聞かない」「子どもの夜泣きがひどいのに夫が育児をしてくれない」といった悩みを打ち明けられることがある。ママ友以外でも筆者のように子どものいない人にでも気軽に相談できるようになれば、話すことで心が楽になり心理的虐待も減るのではないだろうか。

最後に、この本を書くにあたってインタビューにご協力いただいたサバイバーの方々、公認心理師の佐藤めぐみ氏、小児精神科医であり脳科学者の友田明美氏、そして編集担当氏に改めてお礼を述べたい。この本により心理的虐待の当事者の傷が癒えることを願い、子どもを持つ親には心理的虐待をしないためのヒントとなれば幸いである。

2024年7月　姫野 桂

参考文献

・『子どもの脳を傷つける親たち』（友田明美／ＮＨＫ出版新書／２０１７）

・The neurobiological effects of childhood maltreatment on brain structure, function, and attachment Akemi Tomoda,et al.March 2024European Archives of Psychiatry and Clinical Neuroscience

・Reduced visual cortex gray matter volume and thickness in young adults who witnessed domestic violence during childhood. Tomoda A, Polcari A, Andersen CM, Teicher MH.(2012),PLoS One, 7(12):e52528.

・Exposure to parental verbal abuse is associated with increased gray matter volume in superior temporal gyrus.Tomoda A, Sheu Y-S, Rabi K, Suzuki H, Navalta CP, Polcari A, Teicher MH. (2011) Neuroimage, 54 Suppl 1: 260-8.

・Reduced prefrontal cortical gray matter volume in young adults exposed to harsh corporal punishment.Tomoda, A., Suzuki, H., Rabi, K., Sheu, Y.S., Polcari, A., and Teicher, M.H. (2009) Neuroimage 47 Suppl 2, T66-71.

・ALL ABOUT子育てガイド　佐藤めぐみ　https://allabout.co.jp/gm/gp/1109/library/
・「防ごう！　まるとり　マルトリートメント」https://marutori.jp/
・「マルトリートメント（マルトリ）が脳に与える影響」映像テキストブック（日本家族計画協会）
・『発達障害グレーゾーン』（姫野　桂／扶桑社新書／2018）

姫野 桂（ひめの けい）

フリーライター。1987年生まれ。宮崎市出身。日本女子大学文学部日本文学科卒。大学時代は出版社でアルバイトをし、編集業務を学ぶ。卒業後は一般企業に就職。25歳のときにライターに転身。現在は週刊誌やウェブなどで執筆中。専門は社会問題、生きづらさ。著書に『私たちは生きづらさを抱えている　発達障害じゃない人に伝えたい当事者の本音』（イースト・プレス）、『発達障害グレーゾーン』（扶桑社新書）、『「発達障害かも？」という人のための「生きづらさ」解消ライフハック』（ディスカヴァー21）『生きづらさにまみれて』（晶文社）、『ルポ　高学歴発達障害』（ちくま新書）

装丁・本文デザイン／堀図案室
DTP／オフィスメイプル

扶桑社新書 504

心理的虐待
～子どもの心を殺す親たち～

発行日 2024年9月1日　初版第1刷発行

著　　者………姫野 桂
発 行 者………秋尾弘史
発 行 所………株式会社 扶桑社
〒105-8070
東京都港区海岸1-2-20 汐留ビルディング
電話 03-5843-8843（編集）
03-5843-8143（メールセンター）
www.fusosha.co.jp

印刷・製本………株式会社広済堂ネクスト

Printed in Japan　ISBN 978-4-594-09727-1